간편 일품요리

간편 일품요리

초판 1쇄 인쇄 2022년 4월 29일
초판 1쇄 발행 2022년 5월 10일

지은이　　김미란
발행인　　임충배
홍보/마케팅　양경자
편집　　　김민수
디자인　　정은진
펴낸곳　　마들렌북
제작　　　(주)피앤엠123

출판신고 2014년 4월 3일
등록번호 제406-2014-000035호

경기도 파주시 산남로 183-25
TEL 031-946-3196 / FAX 031-946-3171
홈페이지　www.pub365.co.kr
ISBN 979-11-92431-00-0 13590
© 2022 김미란 & PUB.365

· 저자와 출판사의 허락 없이 내용 일부를 인용하거나 발췌하는 것을 금합니다.
· 저자와의 협의에 의하여 인지는 붙이지 않습니다.
· 가격은 뒤표지에 있습니다.
· 잘못 만들어진 책은 구입처에서 바꾸어 드립니다.

요린이도 쉽게 따라하는

간편 일품요리

요리연구가 김미란

다양하게 즐기는 72가지 생활 요리

Maedalin Buk

간편 일품요리에
들어가기 앞서

　어느 날 간편한 요리에 관심이 많아 시작하게 된 전자레인지 요리. 전자레인지 요리와 블로그를 시작한 지도 벌써 8년이 넘어갑니다. 블로그에 관해서도 아무것도 모르고 무작정 시작한 것이 엊그제 같은데 말이죠. 물론 지금도 많이 부족하고 앞으로 채워 나가야 할 게 많습니다. 그 많은 블로거들, 소위 말하는 '파워블로거'가 위세를 떨치고 있는 이때에 감히 내가… 그것도 쟁쟁한 요리 블로거들과 나란히 대접을 받고 있으니 말입니다.

　지금까지도 블로그에 관해서는 잘 모른다고 할 수 있지만, 제가 하고 싶은 대로 꾸준히 메뉴를 개발하고 그 내용을 올리고 있습니다. 여러분에게 과분한 사랑을 받고 있기에 과연 무엇 때문에 이만큼 사랑을 받는 것일까 궁금하기도 했습니다. 블로그의 디자인이 예쁜 것도 아니고, 글솜씨가 좋은 것도 아닌데 말이죠. 주변분들을 통해 그 이유를 알게 되었습니다. 제가 잘해서가 아니라 제가 하고 있는 블로그의 내용 때문이라는 것을 말이에요. 제 요리가 추구하는 방향이 요즘 세상을 살아가는 사람들의 상황에 도움이 되고 있기 때문이라는 것이었죠. '간편식', '혼밥', '아침 대용', '혼술' 같은 키워드들이 바쁘게 사는 사람들의 검색어 수위를 차지하고 있었습니다. 이렇듯 많은 사람이 관심을 갖게 된 키워드와 어울리는 내용이니 전자레인지 요리에 대한 관심 또한 커진 것이었죠.

하지만 전자레인지 요리 블로거의 길이 쉽지만은 않았습니다. 불을 이용해서 만드는 요리처럼 기존의 공유된 경험에서 나오는 요리가 아니기에 많은 조리법을 새로이 개발해야 했습니다. 게다가 고급 식재료인 유기농 제품을 판매하는 분들은 전자레인지 자체를 인체에 유해한 죽음의 기계인 것처럼 깎아내렸습니다. 그러나 세계보건기구 WHO는 전자레인지가 유해하지 않음을 공표하였습니다. 무엇보다도 그런 괴담이 믿기 힘든 이유는 이러한 문제가 유독 우리나라 내에서만 극성적으로 문제되고 있기 때문입니다. 만약 전자레인지가 죽음의 기계라면 왜 우리보다 기술적으로 앞서갔던 미국이나 유럽에서는 이러한 논란이 거의 없는 걸까? 하는 생각이 든다는 것이죠.

우리는 요리를 하든, 해동을 하든, 다른 어떤 목적으로든 간에 이미 전자레인지를 이용하지 않으면 불편한 세상에 살고 있습니다. 저는 전자레인지를 이용한 레시피를 개발하고 연구하는 사람으로서 앞으로도 '전자레인지로 요리한다'는 생각으로 저만의 레시피를 힘이 닿는 데까지 여러분께 공개하겠습니다. 여러분께서도 전자레인지로 요리할 수 있다는 발상의 전환을 한 번만 해 보시면 정말 다양한 생활의 편의와 건강식을 누릴 수 있게 될 것입니다.

목차

1. 든든한 가정식 한 끼 밥상

첫째 날 - 매콤 짭조름한 상

- 흰밥 20p
- 베이컨김치찌개 22p
- 두부조림 24p
- 새우호박계란찜 26p
- 어묵볶음 28p

둘째 날 - 담백한 상

- 소고기야채비빔밥 32p
- 소고기뭇국 34p
- 오징어간장조림 36p
- 잡채 38p
- 꽈리고추멸치볶음 40p

셋째 날 - 풍미 가득한 상

- 강황밥 44p
- 꽃게탕 46p
- 닭가슴살조림 48p
- 신열무김치볶음 50p
- 감자볶음 52p

넷째 날 - 깊고 개운한 상

- 초간단 별미밥 56p
- 콩나물냉국 58p
- 돼지목살묵은지찜 60p
- 새송이버섯볶음 62p
- 황태채볶음 64p

다섯째 날 - 감칠맛 푸짐한 상

- 보리밥 68p
- 아욱된장국 70p
- 꽈리고추갈치조림 72p
- 돼지고기메추리알장조림 74p
- 소시지야채볶음 76p

2. 건강한 제철 한 끼 밥상

첫째 날 - 맑고 싱싱한 상

- 봄동쌈밥 80p
- 우렁된장국 82p
- 가지소고기찜 84p
- 호박무침 86p

둘째 날 - 보양 가득 넉넉한 상

- 삼계탕 90p
- 삼계죽 92p
- 부추무침 94p
- 깻잎찜 96p

셋째 날 - 산뜻한 상

- 감자밥 100p
- 김치콩나물국 102p
- 한입불고기 104p
- 묵무침 106p

넷째 날 – 쫄깃 시원한 상

바지락솥밥	110p
바지락미역국	112p
제육볶음	114p
무나물	116p

다섯째 날 – 담백 고소한 상

바지락초무침	120p
황태해장국	122p
대하구이	124p

다섯째 날 - 와인 안주

라따뚜이	152p
양송이치즈구이	154p

여섯째 날 - 전통주 안주

닭꼬치	158p
미트볼케찹조림	160p

3 혼자서도 우아한 혼술 안주

첫째 날 - 막걸리 안주

깍두기묵밥	128p
김치부침개	130p

둘째 날 - 소주 안주

홍합탕	134p
소고기간장떡볶이	136p

셋째 날 - 맥주 안주

감바스	140p
먹태	142p

넷째 날 – 사케 안주

오꼬노미야키	146p
감자베이컨찜	148p

4 하나로 OK! 간편 일품요리

소고기장조림버터비빔밥	164p
대패삼겹살덮밥	166p
렌틸콩닭가슴살토마토카레	168p
베이컨초밥	170p
명란아보카도덮밥	172p
소고기비빔국수	174p
소면 삶는 법	176p
치킨찹스테이크	178p
밀푀유나베	180p
가지토마토스파게티	182p
편의점짜장범벅리조또	184p

5 자꾸 생각나는 매력 만점 간식거리

견과류치즈호떡	188p
허니버터인절미토스트	190p
식빵시리얼	192p
고구마삼색경단	194p
꿀치즈바게트	196p

밥숟가락으로 쉽게 계량하기

· 가루 분량 재기(설탕, 고춧가루, 통깨, 소금, 그 외 조미료)

1
숟가락으로 수북하게 떠서 올라오도록 담아요.

0.5
숟가락의 절반 정도 올라올 정도만 담아요.

0.3
숟가락의 1/3 정도만 담아요.

· 다진 재료 분량 재기(다진 마늘, 다진 파, 다진 생강, 다진 양파, 다진 피망)

1
숟가락으로 수북하게 떠서 꽉 차게 담아요.

0.5
숟가락의 절반 정도 올라올 정도만 담아요.

0.3
숟가락의 1/3 정도만 담아요.

· 액체 양념 분량 재기(식용유, 간장, 액젓, 맛술, 식초, 매실액)

1
숟가락으로 한가득 찰랑거리게 담아요.

0.5
숟가락의 절반 정도 올라올 정도만 담아요.

0.3
숟가락의 1/3 정도만 담아요.

· **장류 분량 재기(고추장, 된장, 각종 소스류)**

1
숟가락으로 한가득 떠서 수북하게 올려 담아요.

0.5
숟가락 절반만 볼록하게 담아요.

0.3
숟가락의 1/3 정도만 담아요.

· **액체류**   · **견과류**

1컵
종이컵에 가득 담아요.

반 컵
종이컵에 반 정도만 담아요.

1/3컵
종이컵에 절반만 담아요.

· **손으로 분량 재기(채소, 채 썬 야채 등)**

한 줌
손으로 크게 한 줌 담아요.

올바른 전자레인지 사용법

누구라도 간단히 사용할 수 있는 전자레인지이지만 안전하고 올바르게 사용하기 위해선 주의해야 할 몇 가지 사항이 있답니다.

1 와트 수 확인　　일반적으로 가정용 전자레인지는 700~900W지만 편의점이나 대형식당에 있는 전자레인지는 1,000~1,200W로 와트 수가 매우 높답니다. 와트 수가 높은 전자레인지는 전달 열량이 높아 조리시간이 단축되긴 하나, 와트 수에 맞지 않게 조리시간을 늘린다면 타거나 끓어 넘치는 경우가 있어요. 그러니 사용할 전자레인지 와트 수를 꼭 확인해야 합니다.

2 주의할 식재료　　누구나 쉽고 간단하게 사용하는 전자레인지이지만 가열 시 주의하지 않으면 안 되는 식재료가 있답니다. 날달걀, 삶은 달걀, 삶아서 껍질을 깐 달걀 등은 전자레인지에 가열하면 내부가 팽창하여 터지게 됩니다. 그러므로 날달걀은 껍질에서 분리해 노른자에 구멍을 뚫은 후 가열하고, 삶은 달걀은 껍질을 벗겨 칼집을 내어 전자레인지에 가열해야 합니다. 그밖에도 비엔나 소시지, 오징어, 새우, 은행, 밤 등 칼집을 내어 조리해야 하는 식재료가 있습니다.

3 가열 액체 주의　　전자레인지에 데운 물에 커피와 같은 이물질을 넣게 되면 얼굴이나 손에 화상을 입을 수 있어요. 전자레인지에 가열된 물은 100℃ 이상 과열된 상태이기 때문에 바로 꺼내어 커피, 아기 분유 같은 이물질을 바로 넣게 되면 갑자기 기포가 생성되기 시작하는데요, 이 때문에 액체가 끓어 넘칠 수 있어요. 전자레인지에 데운 물에 커피와 같은 이물질을 넣을 때는 전자레인지 가열을 마치고 30초 정도 기다린 후 컵을 꺼내어 얼굴이나 손으로부터 멀리 떨어진 상태에서 해주세요

4 금속 재질 주의　　전자레인지에 은박지나 알루미늄호일 등의 금속재는 절대 사용해서는 안 됩니다. 마이크로파는 공기, 유리, 종이, 세라믹 등은 잘 통과하고 식품이나 물에는 흡수되는 성질을 가지고 있답니다. 하지만 금속 재질에는 거울처럼 반사됩니다. 반사된 마이크로파에서 불꽃이 일어나 화재가 발생할 수 있습니다.

5 전자레인지 사용 그릇의 선택

1 사용 가능 ○
- 내열 그릇 – 불에 직접 올려 놓을 수 있는 유리그릇을 사용하세요.
- 도자기 그릇 – 보통 사용하는 도자기류의 그릇을 사용하세요.
- 내열플라스틱 그릇 – 120℃까지 견디는 그릇을 사용하세요.
- 비닐랩, 종이호일

2 사용 주의
- 일반 유리 그릇 – 물, 우유 등을 간단히 데울 때만 사용하세요.
- 나무, 종이류 – 오랜 시간 조리할 때는 사용하지 마세요.
- 일반 플라스틱 그릇 – 찬음식을 간단히 데울 때만 사용하세요.

3 사용 불가 ✕
- 금선/은선 무늬 그릇 – 금선/은선 무늬 그릇은 불꽃이 튀어 색이 변하거나 깨질 수 있습니다.
- 금속류 – 스테인리스 냄비나 그릇은 전파를 반사하여 식품이 가열되지 않습니다.
- 알루미늄호일

6 랩/비닐봉투의 활용

1 랩 – 냉동식품, 피자 등을 데우는 용도
- 식품의 수분의 손실을 막기 위해 뚜껑 대신 사용할수 있습니다.
- 전자레인지 사용 가능'이라고 표시 된 제품을 사용해 주세요.
- 사용 시 부풀거나 음식에 달라붙는 것을 방지하기 위해 구멍을 뚫어 사용해주세요.

2 비닐봉지 – 채소를 데치는 용도
- 짧은 시간 동안 데칠 때 사용하면 좋습니다.
- 데칠 때는 부풀어오르지 않도록 구멍을 뚫어 사용하세요.

간단한 주의사항

1. 뜨거운 그릇을 갑자기 차갑게 하면 그릇의 모양이 변하거나 깨질 수 있어요.
2. 기름기가 많은 음식을 조리할 때는 기름종이를 사용하고, 빵이나 튀김 등을 데울 때는 키친타올을 덮어 짧은 시간 가열해 주세요.

 전자레인지 출력별 가열 시간표

500W ~ 600W	700W ~ 800W (레시피 기준)	900W ~ 1000W
40초	30초	20초
1분 20초	1분	40초
1분 50초	1분 30초	1분
2분 30초	2분	1분 20초
3분 10초	2분 30초	1분 50초
3분 50초	3분	2분 10초
4분 20초	3분 30초	2분 30초
5분	4분	2분 50초
5분 40초	4분 30초	3분 10초
6분 20초	5분	3분 40초
...	...	...
12분 30초	10분	7분
16분 20초	13분	9분 10초
18분 45초	15분	10분 30초

* 전자렌지의 출력은 여러분의 전자레인지에 부착된 라벨을 확인하세요.

재료별 조리 시간표

· 야채

종류	개수	중량(g)	조리 시간	비고
고구마	2개	160g	5분	딱딱한 부위를 밑으로 1분 가열
당근		150g	6분	4분 가열 후 뒤집어 2분 가열
브로콜리		150g	3분	
가지	1개	120g	2분	꺼내어 뒤집어 잠시 놓아둠
양배추		150g	3분 30초	완성 후 위 아래로 섞어줌
완두콩	접시 가득		2분~3분	
시금치	접시 가득		2분	가열 후 꺼내어 잠시 놓아둔 뒤 찬물에 헹굼
쑥갓	접시 가득		2분	가열 후 꺼내어 잠시 놓아둔 뒤 찬물에 헹굼
옥수수	1개		4분	껍질을 3~4개 정도 남겨 밑으로 놓고 가열

· 반조리 식품

종류	개수	중량(g)	조리 시간	비고
계란후라이	1개		2분	계란을 깨서 노른자 부분에 구멍을 내고 2분 가열
베이컨구이	접시 가득		2분	
소시지	6개		2분 30초	

· 냉동식품 데우기

종류	개수	중량(g)	조리 시간	비고
만두	접시 가득		2분	
피자	2조각	80g	1분~2분	
식빵	1개~2개	80g~160g	30초~2분	

전자레인지 식품 재료 tip

오래된 빵 촉촉하게 하기
냉동실에 오래 보관해 퍼석해진 빵은 젖은 키친타월로 빵을 감싸고 전자레인지에서 10초, 20초 가열하면 적당히 촉촉한 빵이 된답니다.

통마늘 까기
통마늘 뿌리를 자르고 전자레인지에 넣은 후 40초~1분 정도 가열합니다. 마늘을 꺼내어 밑부분을 쥐고 쭉 밀어주면 껍질을 쉽게 깔 수 있어요. 이렇게 깐 마늘은 이른 시일 내에 섭취하는 것이 좋아요.

딸기잼 만들기
꼭지 땐 딸기를 깨끗이 씻은 다음, 딸기 150g 기준으로 설탕 80g과 레몬즙을 함께 넣고 8분 정도 가열하면 달콤한 딸기잼 완성!

양념장 숙성하기
혼합한 양념장을 전자레인지에 가열하면 숙성하는 시간이 훨씬 단축됩니다.

눅눅해진 김 바삭하게 할 때
눅눅해진 김은 서류 봉투에 넣고 전자레인지에서 2분 정도 가열하면 훨씬 바삭해집니다.

어묵 기름기 제거하기
그릇에 어묵을 넣고 30초 정도 가열 후 꺼내어 물에 씻어 내면 기름기가 제거된답니다.

토마토 껍질 쉽게 벗기기
토마토 윗부분에 열십자로 칼집을 넣고 전자레인지에 2분 정도 가열해 주면 아주 쉽게 토마토의 껍질을 벗길 수 있어요. 끓는 물에 데쳐서 벗겨도 좋지만, 전자레인지가 더 간편하고 쉽겠지요?

두부 물기 빼기
급하게 두부조림이나 부침을 할 때 두부를 그릇에 담고 랩을 씌운 후 전자레인지에 4분 정도 가열하면 살균 효과도 얻고 두부의 물기도 뺄 수 있어요

마른 버섯을 불릴 때
마른 표고버섯처럼 건조된 것을 살짝 불려야 할 때는 밑동을 떼어내고 물에 담근 상태에서 전자레인지에 3분 정도 가열해 줍니다. 금방 버섯이 말랑말랑해져요. 이외에도 잡채에 들어가는 목이버섯도 같은 방법으로 활용 가능하답니다.

찹쌀풀 만들기
김치를 담글 때 사용하는 찹쌀풀은 냄비에 쑤는 게 보통이지만, 필요한 양이 그리 많지 않다면 간편하게 만들 수 있어요. 그릇에 물과 찹쌀가루를 넣고 뭉치지 않게 잘 섞은 후 전자레인지에 30초~1분 가량 가열하면 완성됩니다. 밀가루풀도 찹쌀풀과 같은 방법으로 만들 수 있으니 참고하세요.

마침 불려놓은 콩이 없을 때
전자레인지 그릇에 콩과 물을 붓고 8분 정도 가열하면 오랫동안 물에 불린 것 같은 효과를 볼 수 있어요.

딱딱하고 마른 밤 손쉽게 까기
밤 밑동 부분에 십자 모양의 칼집을 내거나 껍질을 살짝 벗긴 후 전자레인지에 넣고 1분 가열합니다. 단 적은 양을 1분 이상 가열할 경우 밤이 익을 수 있으니 주의하세요.

 # 제철 식재료

1월	채소	고구마, 늙은호박, 당근, 무, 콩비지, 연근, 브로콜리, 우엉, 시금치
	과일	딸기
	해산물	고등어, 명태, 가자미, 삼치, 새우, 낙지, 대구, 김, 물미역, 홍합
2월	채소	미나리, 쑥, 무, 봄동, 시금치, 양파, 우엉, 브로콜리
	과일	딸기
	해산물	명태, 고등어, 광어, 삼치, 낙지, 새우, 대구, 김, 물미역, 홍합, 굴, 전복, 파래
3월	채소	봄동, 열무, 우엉, 마늘종, 냉이, 더덕, 부추, 쪽파, 브로콜리
	과일	딸기, 토마토
	해산물	주꾸미, 꼬막, 모시조개, 물미역, 바지락, 톳, 꽃게, 굴
4월	채소	고사리, 머위, 상추, 부추, 양상추, 양파, 완두콩, 양배추
	과일	참외, 토마토
	해산물	오징어, 새우, 참치, 꽁치, 전복
5월	채소	고구마순, 미나리, 아욱, 완두, 죽순, 파, 오이, 애호박, 매실
	과일	딸기, 앵두, 참외, 수박
	해산물	오징어, 새우, 참치, 꽁치, 전복
6월	채소	감자, 근대, 오이, 애호박, 깻잎, 아욱, 콩, 옥수수
	과일	살구, 참외, 토마토, 자두, 복숭아, 포도, 수박
	해산물	오징어, 광어, 갈치, 전갱이

7월
- **채소**: 부추, 감자, 아욱, 가지, 깻잎, 근대, 오이, 피망, 양상추, 옥수수, 콩
- **과일**: 멜론, 복숭아, 참외, 포도
- **해산물**: 오징어, 갈치

8월
- **채소**: 가지, 감자, 아욱, 강낭콩, 애호박, 도라지, 양파, 콩, 깻잎
- **과일**: 멜론, 복숭아, 수박
- **해산물**: 갈치, 오징어, 전복

9월
- **채소**: 느타리버섯, 아욱, 도라지, 순무, 당근, 늙은호박, 부추, 시금치
- **과일**: 토마토, 호두, 무화과, 대추, 포도
- **해산물**: 갈치, 꽃게, 새우, 오징어, 전어, 장어

10월
- **채소**: 순무, 양송이, 팥, 도라지, 늙은호박, 도토리, 쪽파, 부추, 고구마
- **과일**: 모과, 밤, 사과, 오미자, 유자, 잣, 대추, 은행
- **해산물**: 꽃게, 갈치, 삼치, 가자미, 굴, 고등어, 꽁치, 낙지, 대하, 대합, 병어, 홍합, 장어, 굴

11월
- **채소**: 늙은호박, 당근, 무, 배추, 시금치, 우엉, 쪽파
- **과일**: 감, 귤, 모과, 배, 사과, 오미자, 유자, 키위
- **해산물**: 갈치, 고등어, 삼치, 대구, 새우, 대합, 병어, 오징어, 옥돔, 광어, 굴

12월
- **채소**: 콜리플라워, 늙은호박, 무, 배추, 브로콜리, 연근, 시금치
- **과일**: 딸기, 귤, 대추
- **해산물**: 대하, 병어, 낙지, 김, 생미역, 갈치, 삼치, 고등어, 동태, 대구, 가자미

든든한 가정식 한 끼 밥상

첫째 날 - 매콤 짭조름한 상

—

흰밥

베이컨김치찌개

두부조림

새우호박계란찜

어묵볶음

> **Tip - 레시피 시간 표기**
> 본문 내 모든 레시피에는 요리를 만드는 데에 소요될 대략적인 시간이 표기되어 있답니다.
> (단, 양념에 재우거나 별도로 숙성시키는 시간은 포함하지 않아요.)

첫째 날 – 매콤 짭조름한 상

13분 흰밥(2인분)

외출하고 들어온 후 밥을 먹으려니 밥이 없다! 그럴 땐 누구나 편의점으로 달려가게 되죠? 이젠 불린 쌀만 미리 준비해 놓으면 번거롭게 편의점에 가지 않아도 고슬고슬한 흰밥을 13분 만에 완성할 수 있어요.

재료 불린 쌀 2컵, 물 2컵

Tip 전자레인지에 밥을 지을 때는 쉽게 흘러넘치지 않을 만큼 속이 깊은 뚜껑이 있는 내열 그릇이 좋다.

Recipe

① 1컵 반 분량의 쌀을 미리 불려 놓는다. 여름에는 냉장고에서 1시간 불린다. 전자레인지 전용 그릇에 불린 쌀 2컵, 생수 2컵을 부어준다.

② 뚜껑을 닫고 13분 가열한다. 가열이 끝난 후 전자레인지 안에서 5분 뜸 들여준다

전자레인지 요리 상식

식품 자체의 수분을 활용하기 위해 뚜껑이나 랩, 종이호일 등을 함께 사용하세요. 뚜껑은 닫거나 잠그지 마시고 랩에는 구멍을 뚫어 사용하세요. 단 랩은 식품과 닿으면 녹을 수 있으므로 특히 생선, 기름기가 많은 식품 등과 함께 사용할 때는 주의하세요.

첫째 날 - 매콤 짭조름한 상

12분 편의점 볶음김치로 만드는 베이컨김치찌개

누구나 좋아하는 김치찌개! 베이컨김치찌개는 볶음김치를 이용하기 때문에 불에서 따로 김치와 베이컨을 볶을 필요 없어요. 한 끼 식사와 더불어 반주로도 즐길 수 있어 요리 초보자들도 자신 있게 만들 수 있는 요리랍니다.

재료 베이컨 1팩, 편의점 볶음김치 80g 2봉지, 두부 약간

양념재료 다진 마늘 0.5, 고추장 0.5, 김칫국물 1/2컵(종이컵), 생수 2컵, 대파 약간

Tip
1. 집에 있는 김치를 사용할 때는 약간의 설탕과 식용유를 넣고 볶으면 김치의 식감이 부드러워지고 신맛이 완화된다.
2. 생김치를 볶을 때는 시간을 더 늘린다.
3. 기호에 따라 스팸이나 두부를 넣어 먹으면 훨씬 맛있는 베이컨 김치찌개가 된다.
4. 부족한 간은 소금으로 해준다.
5. 먹고 남았을 경우 냉장고에 넣어두었다가 다음날 한 번 더 끓여서 김치찌개 국물에 밥을 말아 함께 먹으면 숙취에도 좋아 혼밥려들에겐 효자찌개!

Recipe

① 전용 그릇에 볶음김치를 붓고 마늘과 고추장, 김칫국물을 넣은 후 베이컨은 반으로 잘라 넣고 조물조물해준다.

② 랩이나 뚜껑을 덮고 전자레인지에 10분 가열한다.

전자레인지 요리 상식

식품 내부의 열을 이용하세요. 전자레인지는 식품의 겉과 속이 동시에 가열되므로 조금 덜 조리된 상태에서 가열이 중단되어도 식품 내부의 열에 의해 완전히 조리됩니다.

첫째 날 - 매콤 짭조름한 상

두부조림
10분

두부는 값도 싸고 영양도 풍부해서 우리에게는 매우 친숙한 반찬거리 중 하나죠. 찌개나 전골, 노릇노릇 부치거나 끓는 물에 데쳐 맛있게 볶은 김치에 싸 먹으면 고소한 맛이 일품인 두부! 매일 보는 식재료지만 질리지 않고 꾸준히 사랑받는 두부를 간장 베이스로 짭조름하게 조려서 누구나 좋아하는 밑반찬으로 만들어 보세요.

재료   청양고추 1~2개, 두부는 2/3모

양념 재료   간장 3, 고춧가루 1, 고추장 0.5, 들기름 1 또는 참기름 1, 올리고당 1, 다진 마늘 0.5

Recipe

① 두부는 두께 1cm, 길이 4cm로 잘라 키친타올에 올리고 약간의 소금을 뿌려 10분 정도 물기를 뺀다.

② 청양고추는 잘게 다지고 분량의 양념재료를 만든다.

③ 전용 그릇에 만들어놓은 두부, 양념장 순으로 얹어준 후 4분 가열한다.

> 첫째 날 - 매콤 짭조름한 상

12분 새우호박계란찜

모든 찜 요리가 다 그렇겠지만, 계란찜은 특히나 불 조절하기가 까다로워 초보자들이 실패하기 쉬운 요리이죠. 반면에 전자레인지 계란찜은 조리하기 쉽답니다. 계란찜은 부드럽고 고소해 간식으로 즐기기에도 매우 좋고 매운 음식과도 찰떡궁합이죠. 안주나 밥반찬으로도 인기 만점! 혀끝에서 사르르 녹아내리는 부드러운 계란찜의 매력! 숟가락으로 푹푹 떠먹어야 제맛인 전자레인지 계란찜을 만들어 보세요.

재료 호박 1/3개, 칵테일새우 10마리, 달걀 5개, 다시마 육수 1/2컵 또는 분량의 생수

양념 재료 맛술 1, 후추 약간, 새우젓 0.5, 대파 약간, 통깨 0.5, 참기름 1

Tip 육수 만들기가 번거로우면 생수를 사용해도 좋다.

Recipe

① 넓은 볼에 계란과 육수 또는 생수를 붓고 맛술과 후추, 새우젓으로 간을 한다. 거품기로 풀고 체에 한 번 걸러 준다.

② 호박, 새우, 대파, 통깨, 참기름을 넣고 잘 섞어 준다

③ 전자레인지에 8분 가열한다.

첫째 날 – 매콤 짭조름한 상

7분 어묵볶음

남녀노소 할 것 없이 누구나 좋아하는 밥반찬! 짭조름한 간장양념으로 만든 어묵볶음이랍니다.
프라이팬을 사용하지 않고 간단하게 어묵만 넣고 전자레인지에 조리했어요.

재료 사각 어묵 200g, 양파 1/4개

양념재료 간장 1, 맛술 2, 올리고당 1, 다진 마늘 0.5, 설탕 0.5, 후추 약간, 참기름 0.5, 통깨 약간

Tip
1. 어묵을 조리할 때 기호에 맞는 채소를 함께 넣어서 조리하면 더욱더 맛있다.
2. 추가하는 재료에 따라 시간을 가감해 준다.

📋 Recipe

① 어묵과 양파는 먹기 좋은 크기로 채를 썬다

② 전용 그릇에 어묵과 양파를 넣고 양념 재료와 함께 섞어 전자레인지에 4분 가열한다.

전자레인지 요리 상식

식품을 고리모양으로 배열하세요. 고주파에너지는 식품의 중앙 부분보다 바깥 부분에 더 빠르게 흡수되므로 식품의 두꺼운 부분이 바깥을 향하도록 배열하고 가운데를 비워 고리모양으로 배열하는 것이 효과적입니다.

든든한 가정식 한 끼 밥상

둘째 날 - 담백한 상

―

소고기야채비빔밥

소고기뭇국

오징어간장조림

잡채

꽈리고추멸치볶음

소고기야채비빔밥(2인)

둘째 날 – 담백한 상

주부들이 늘 하는 고민! 오늘은 뭐 먹지? 냉장고 문을 열어 무엇이 있는지 살펴보며 오늘의 메뉴를 정해보는 건 어떨까요? 냉장고에 있는 채소를 모두 꺼내 볶고 소고기도 조금 넣어 정성을 더하면 맛있고 푸짐한 소고기야채비빔밥을 드실 수 있어요. 채소와 고기에 골고루 양념하기 때문에 따로 비빔장을 만들지 않고도 담백하게 먹을 수 있는 비빔밥이랍니다.

재료 햇반 2개, 당근 1/3개, 오이 1/3개, 다진 소고기 또는 채 썬 소고기 80g, 황, 백지단(생략 가능), 소금(절임용) 0.5

양념재료 간장 2, 설탕 0.5, 다진 파 1, 다진 마늘 0.5, 깨소금 약간, 후추 약간, 참기름 1

Tip 기호에 맞게 버섯 종류나 황색 지단 고명을 올려도 좋다.

Recipe

① 오이는 껍질 부분은 돌려깎고 당근은 곱게 채 썰어 소금으로 5분 절인 후 찬물에 한 번 헹구어 키친타올로 물기를 제거한다.

② 그릇에 당근과 오이를 올리고 참기름을 살짝 두른 다음 1분 30초 가열 후 넓게 펴서 식혀 둔다.

③ 분량의 양념을 한 소고기를 골고루 익을 수 있도록 넓게 펼쳐준다.

④ 양념한 소고기를 1분 가열한다. 오목한 그릇에 뜨거운 밥을 담고 준비해 놓은 재료들을 돌려가며 얹어준다.

둘째 날 – 담백한 상

소고기뭇국

소고기뭇국을 끓일 때마다 어른들이 "무시국" 좀 끓여 봐라 했던 게 생각납니다. 무시국이라는 건 말만 다르지 늘 우리가 먹는 소고기뭇국을 뜻하는 거예요. 어렸을 때 집안에 좋은 일이 있을 때면 끓여주시던 바로 그 국. 쇠고기는 예나 지금이나 귀하고 비싼 음식이어서 그런지 어쩌다 먹는 소고기뭇국은 늘 달고 맛있답니다. 왠지 시간과 정성을 들여야 제맛일 듯하지만, 전자레인지에서 후다닥 간편하게 만들어도 제맛이 난답니다.

재료 소고기 200g, 무 1/4개, 대파 1/3뿌리, 물 6컵(종이컵)
소고기 밑간 국간장 0.5, 다진 마늘 0.5, 참기름 0.5, 소금 약간, 후추 약간
국물 양념 재료 소금 0.5

Recipe

① 소고기는 키친타올에 올려 20분 정도 핏물을 뺀 후 소고기 밑간을 해주고 무는 나박 썰고, 대파는 동글동글하게 썰어 준비한다.

② 그릇에 파를 뺀 모든 재료를 넣고 15분 가열한다.

③ 시간이 끝난 후 꺼내어 모자라는 간은 소금으로 하고 5분 더 가열한다.

둘째 날 – 담백한 상

 15분 **오징어간장조림**

먹고 남은 마른오징어가 있다면? 먹기 좋은 크기로 잘라서 최소 두 시간 전에는 미리 물에 불려 놓았다가 아이들이 좋아하는 부드러운 오징어간장조림으로 만들어 보세요. 아이들에게 최고로 인기 있는 반찬이 될 거예요.

재료 마른오징어 1마리, 고추 3개

양념 재료 간장 3, 올리고당 3, 마늘 1, 참기름 1, 후추 1, 생강즙 1

Tip 매콤하게 먹고 싶다면 청양고추를 취향껏 넣어도 좋고, 아이들이 먹는 거라면 양파만 추가해서 달큰하게 먹어도 좋다.

🗒️ Recipe

① 마른오징어는 미지근한 물에 두어 시간 불린 후 다리와 몸통은 먹기 좋은 크기로 자른다.

② 분량의 양념장을 만든다.

③ 양념장에 오징어와 고추를 30분 재운 후 전용 그릇에 담는다.

④ 5분 가열하고 꺼내어 뒤집은 후 다시 5분 더 가열한다.

잡채

둘째 날 – 담백한 상

특별한 날 상차림에 빠지면 서운한 음식들이 있죠. 잡채가 그중 하나가 아닐까 싶어요. 여러 가지 채소와 고기를 잘게 썰어 볶은 후 당면과 함께 먹는 것이 일반적이지만 고기를 빼고 상큼하게 집에 있는 채소로만 준비해 보았어요. 기름에 볶지 않은 채소가 들어가서 느끼함도 전혀 없어요. 냉장고 안에 있는 채소들만 넣고 담백하고 상큼한 잡채를 만들어 보세요. 특별한 날이 아니더라도 간단하게 즐길 수 있어 더 좋은 레시피예요.

재료 청피망 1/4개, 빨간 파프리카 1/4개, 노란 파프리카 1/4개, 양파 1/2개, 당근 1/3개, 불린 표고 1개, 당면 150g

양념 재료 간장 3, 참기름 2, 생수 4, 다진 마늘 0.5, 올리고당 1

Tip 냉장고에 있는 양파, 당근, 시금치 또는 부추, 콩나물, 느타리버섯 등 먹다 남은 어떠한 야채라도 활용할 수 있다.

Recipe

① 당면은 미지근한 물에 30분, 마른 표고버섯은 미지근한 물에 10분 담가 불린다.

② 청, 홍, 노랑 피망과 양파, 당근은 0.5cm 두께로 채 썰고 불린 표고버섯도 채 썰어 준비한다.

③ 분량의 양념장을 만든다.

④ 전용 그릇에 불린 당면과 ②를 넣고 만들어 놓은 양념장을 넣는다. 4분 가열 후 꺼내어 골고루 섞어준 다음 2분 더 가열한다.

> 둘째 날 - 담백한 상

10분 　꽈리고추 멸치볶음

늘 먹어도 질리지 않는 밑반찬이 있죠. 바로 멸치볶음입니다. 특히 짭짤한 멸치와 꽈리고추의 궁합은 단연 최고인 듯해요. 가끔 집어먹다 보면 하나씩 씹히는 얼큰한 매운맛이 매력적인 아이랍니다.

재료　　멸치 2컵, 꽈리고추 한 줌, 마늘 5쪽, 식용유 3큰술

양념 재료　간장 2, 올리고당 2, 맛술 2, 물 2, 설탕 1, 후추 약간, 참기름 0.5, 통깨 약간

Recipe

① 멸치는 지저분한 찌꺼기를 제거하고 씻어놓은 꽈리고추는 반으로 자르거나 포크로 찔러 준비한다. 마늘은 꼭지를 떼어 내고 편으로 썰어 준비한다.

② 전용 그릇에 멸치와 마늘 꽈리고추를 담고 식용유 3큰술을 넣는다. 골고루 섞은 후 전자레인지에 1분 가열한 뒤 꺼낸다.

③ 분량의 양념장을 만들어 ②에 붓고 골고루 섞은 후 전자레인지에 넣어 4분 가열한다. 꺼내서 한번 더 섞은 후 3분 더 가열한다.

든든한 가정식 한 끼 밥상

셋째 날 - 풍미 가득한 상

―

강황밥

꽃게탕

닭가슴살조림

신열무김치볶음

감자볶음

셋째 날 - 풍미 가득한 상

13분 강황밥(2인분)

건강에 좋은 강황! 강황은 요즘 건강을 생각하는 사람들에게 슈퍼푸드로 알려져 주목을 받고 있는데요, 치매예방과 간 기능 개선에 효과가 있고 여자들에게도 매우 좋은 식품 중 하나랍니다. 노란 색을 띠어 조리했을 때 보기에도 좋아요. 강황의 특유의 맛과 향이 있어서 그냥 섭취하는 것보단 카레나 다른 요리에 곁들이면 그 풍미가 훨씬 더 좋답니다.

재료 불린 쌀 2컵, 생수 2컵, 강황 0.3, 취향껏 닭가슴살 약간

Tip 처음 강황밥을 접하는 사람에게는 향이 진할 수 있지만, 자주 소량을 넣고 지어먹다 보면 향도 강하게 느껴지지 않고 건강에도 좋아서 강황밥을 즐길 수 있게 된다. 특히 카레와 함께 곁들여 먹으면 더욱 맛있다.

Recipe

① 전용 그릇에 불린 쌀을 넣고 생수 2컵을 부은 후 강황 가루를 섞어 준다.

② 전자레인지에 넣어 13분 가열하고 전자레인지 안에서 5분간 뜸을 들인다.

전자레인지 요리 상식

식품은 그릇의 2분의 1 혹은 3분의 2 정도만 채우세요. 조리하는 용기가 너무 작으면 끓어 넘치게 되고, 너무 크면 식품이 용기 바닥에 깔리게 되어 과다하게 조리될 수 있습니다.

셋째 날 – 풍미 가득한 상

 25분 꽃게탕

봄, 가을이 제철인 꽃게는 보통 찌개나 찜으로 많이 해서 드시는데요, 신선한 식재료는 요리의 맛을 크게 좌우합니다. 특별한 재료를 더하지 않고 혼자 만들어 먹는 꽃게 찌개임에도 진한 바다향이 우러나와 저절로 추켜 세워지는 엄지손가락! 속이 확~ 풀리는 꽃게탕으로 오늘의 식탁을 채워 보는 건 어떠신가요.

재료 꽃게 2마리, 무 150g, 양파 1/2개, 대파 약간, 홍고추 1/2개, 청양고추 1/2개, 쑥갓 2대, 멸치육수 또는 생수 2컵

양념 재료 된장 0.5, 고추가루 1, 다진마늘 1, 청주 1, 소금 약간

Recipe

① 꽃게는 흐르는 물에 손질해 먹기 좋은 크기로 4등분해서 준비해놓는다.

② 무는 두께 0.6cm, 사방 1.5cm로 나박썰기 해 준다.

③ 무를 깔고 양파는 채 썰어 무 위에 올린다. 고춧가루, 마늘, 청주와 멸치육수(또는 생수)를 붓고 된장을 잘 풀어 준다.

④ 전용 그릇에 무와 손질한 꽃게, 생수 그리고 양념장을 넣고 뚜껑을 연 채로 13분 가열 후 꺼낸다. 모자란간은 소금으로 하고 대파와 청양고추를 넣은 후 쑥갓을 올려 뚜껑을 닫고 5분 더 가열해 준다.

셋째 날 – 풍미 가득한 상

 20분 # 닭가슴살조림

다이어트 식품으로 널리 알려진 닭가슴살에 고추장을 넣어 매콤한 조림을 만들어 보았습니다. 재료도 간단하고 다른 반찬 없이도 혼자서 간단히 즐길 수 있죠. 맛있고도 부담 없이 먹을 수 있는 닭가슴살조림! 다이어트한다고 너무 퍽퍽한 살만 드시지 마시고요, 가끔은 이렇게 맛있게 먹으면서 다이어트하자고요!

재료   닭가슴살 200g, 양파 1/2개, 청·홍피망 1/2개, 대파1/3개, 생수 1/2컵

양념 재료   고춧가루 2, 고추장 1, 간장 1, 다진 마늘 1, 올리고당 2, 후추 약간, 참기름 약간, 생수 1/2컵

🗒️ Recipe

① 닭가슴살에 후추와 소금을 살짝 뿌린 후 생수 1/2컵을 붓고 전자렌지에 3분, 뒤집어 1분 가열하여 닭가슴살의 불순물과 잡내를 제거한다.

② 살짝 익은 닭가슴살은 흐르는 물에 헹구어 먹기 좋은 크기로 자른다. 양파와 청·홍피망,대파도 닭가슴살과 비슷한 크기로 잘라주고 분량의 양념장을 만들어 골고루 섞어준다.

③ 30분~1시간 재운다.

④ 전자레인지에 10분 가열한다.

셋째 날 – 풍미 가득한 상

 23분   **신열무김치볶음**

부모님은 늘 자식 걱정이 먼저죠. 라면과 함께 곁들여 먹으라며 엄마가 담가주신 열무김치 한두 접시가 푹 익었다면? 신김치를 좋아하는 사람이라면 뚝딱 먹어버리겠지만, 그다지 좋아하지 않는 사람은 얼마 남지 않은 김치를 굳이 프라이팬까지 꺼내어 볶기는 귀찮겠지요. 그럴 땐 전자레인지에 한꺼번에 넣고 조리해 보세요. 역시 신김치는 들기름이나 참기름과 함께 조리해야 맛있는 것 같아요. 국물도 함께 넣어 보세요. 아마도 한여름 밥상의 밥도둑이 따로 없을 거예요.

양념 재료   신열무김치 한 줌(200g), 김치국물 1/3컵, 설탕 1, 참기름 1, 올리브오일 2

Tip 섬유질이 질긴 김치볶음 같은 경우에는 가열되면서 김치 국물이 전자렌지 안에 튈 수 있으니 랩을 씌우고 구멍을 뚫어 가열하는 것을 추천한다.

Recipe

① 김치는 볼에 담고 김치국물1/3컵과 양념 재료를 넣어 조물조물 무쳐준다

② 전자레인지에 넣어 7분 가열 후 꺼내어 뒤집고 13분 더 가열한다.

전자레인지 요리 상식

전자레인지는 열전달이 빨라서 단시간에 조리가 가능하므로 식재료가 익어서 흐물거리는 것을 방지해줍니다. 야채의 아삭아삭 씹는 맛이나 신선도, 색깔이 그대로 유지된다는 장점이 있지요. 때문에 적은 양으로도 식재료가 가진 그대로의 만족감을 얻을 수 있어 다이어트에도 효과적입니다.

셋째 날 - 풍미 가득한 상

15분 감자볶음

가끔 볶아 먹으면 맛있는 감자볶음! 감자 하나만 넣고 볶기엔 밋밋한 느낌이라면 색감도 좋고 눈에도 좋은 당근과 함께 볶아보세요. 식성에 따라 설컹거리거나 부드러운 감자 당근 볶음으로 만들어 밥과 함께 먹으면 밥 한 그릇 뚝딱이에요. 불에서 볶을 때든 전자레인지에 볶을 때든 중요한 건 감자의 전분기를 미리 씻고 볶아야 질척거리지 않는다는 것!

재료   감자 4개, 당근 약간

절임 재료   소금 0.5, 국간장 0.5

양념 재료   들기름 1, 식용유 1, 통깨 약간, 다진 파 1

Tip 감자의 전분기를 제거하지 않고 요리를 하면 음식이 타거나 그릇에 눌어붙게 된다.

📄 Recipe

① 감자와 당근은 껍질을 벗기고 채 썰어 찬물에 담가 씻어 전분기를 없앤다.

② 물기 뺀 감자에 소금과 국간장을 넣고 버무린 후 10분간 절인다

③ 전용 그릇에 절인 감자를 손으로 꼭 짜서 담고 후 통깨와 다진 파를 넣은 후 전자렌지에 5분 가열한다.

든든한 가정식 한 끼 밥상

넷째 날 - 깊고 개운한 상

—

초간단 별미밥

콩나물냉국

돼지목살묵은지찜

새송이버섯볶음

황태채볶음

넷째 날 – 깊고 개운한 상

7분 초간단 별미밥

가끔 별미로 만들어 먹게 되는 콩나물밥. 짭짤한 간장 양념을 살포시 올려 쓱쓱 비벼 먹다 보면 금방 비워지는 한 그릇. 콩나물밥을 지을 때는 뭐니 뭐니 해도 물의 양을 정하는 것이 포인트라고 할 수 있죠. 전자레인지에서 조리할 때도 마찬가지로 꼭 쌀을 불린 후에 사용해야 부드럽고 맛있는 별미밥이 된답니다. 이번에는 햇반 또는 찬밥밖에 없는 경우를 가정해 콩나물밥을 만들 수 있는 간단한 방법을 알려드릴게요.

재료 햇반 또는 찬밥 한 공기, 콩나물 한 줌, 표고버섯 1개

양념 재료 다진 파 3, 청양고추 1개, 홍고추 1/3개, 고춧가루 0.5, 다진 마늘 0.5, 간장 3, 맛술 1, 참기름 2, 통깨 0.5

Tip 밥하기 귀찮은 날 찬밥만 있다면 한끼 뚝딱 해결! 살짝 깊은 전용 그릇에 담아야 가열 후 바로 비벼 먹을 수 있다.

01.
든든한
가정식

📝 Recipe

① 전용 그릇에 찬밥 한 공기를 담아 널찍하게 펴준다.

② 콩나물과 채 썬 표고버섯을 올려 준다.

③ 전자레인지에 5분 가열한다.

④ 양념재료를 섞어 양념장을 만든다. 조리된 콩나물밥에 적당량 올려 비벼먹는다.

> 넷째 날 – 깊고 개운한 상

15분 콩나물냉국

콩나물국은 상에 자주 올라오는 메뉴 중 하나예요. 그도 그럴 것이 언제 먹어도 질리지 않기 때문이죠. 여름에는 냉국으로 즐기면 더욱 시원하고 개운해요. 참치액젓 한 스푼 넣고 넉넉하게 콩나물냉국을 만들고, 남은 콩나물 한 줌으로 콩나물밥까지 만드니 한 번에 두 가지 메뉴를 뚝딱하고 만들 수 있네요. 저렴한 콩나물 한 봉지로 넉넉한 저녁상 한 번 차려보세요.

재료 콩나물 200g(두 줌), 물 8컵, 다시마 사방 5cm 1장, 까나리액젓 1, 국간장 1, 소금 0.5

양념 재료 소금 0.5, 설탕 0.3, 다진 마늘 0.5, 통깨 0.5, 대파 1/3뿌리, 홍고추 1/3개

Tip 콩나물무침이나 5인 이상의 콩나물밥을 만들 때는 콩나물을 먼저 삶고 체에 밭쳐 냉수로 열기를 식힌 후에 물기를 빼고 무쳐야 아삭아삭한 콩나물의 식감을 즐길 수 있다. 뜨거울 때 무치면 금방 상하고 남은 열에 의해 물러질 수도 있다.

Recipe

① 콩나물 200g 한 봉지는 깨끗히 씻어 전용 그릇에 담는다. 다시마와 물 8컵, 까나리액젓 1, 국간장1, 소금 0.5를 붓고 뚜껑을 연 채로 10분 가열한다.

② 익은 콩나물은 건져내어 채에 밭쳐 흐르는 찬물에 열기를 한번 식혀둔다.

③ 국물은 체에 한번 걸러 내어 실온에서 자연스럽게 식도록 놓아 둔다.

④ 식힌 콩나물에 양념재료를 넣고 섞은 후 식혀 두었던 육수를 부어준다.

넷째 날 - 깊고 개운한 상

 25분 **돼지목살묵은지찜**

약불 위에 올려 푹~ 끓이면 밥 한 공기 뚝딱하게 만드는 얼큰하고 담백한 국물 맛이 일품인 돼지목 살묵은지찜! 1년 정도 묵은 김치에 돼지고기 돌돌 말아 함께 먹으면 그 맛에 숟가락을 멈출 수 없답 니다. 김치의 깊은 맛에 반해 나도 모르게 김치를 손으로 찢으며 맛있게 먹게 돼요. 전자레인지로 조리하면 그렇게 오래 걸리지는 않으니 혼자서도 충분히 해 먹을 수 있는 별미 중 별미랍니다.

재료 묵은지 반 포기, 돼지목살 300g

양념장 다진 마늘 1, 올리고당 1, 설탕 1, 간장 1, 고추장 1, 고춧가루 1, 후추 약간

끓이기 전 국물 양념 김칫국물 2컵, 생수 1컵

Tip 돼지고기의 기름이 김치에 스미기 때문에 하루가 지나 먹으면 더욱 맛있다.

Recipe

① 목살은 찜용보다 작은 크기로 썰어 양념장에 조물조물한 후 3시간 정도 숙성시킨다.

② 김치는 줄기대로 편다. 그 위에 양념한 고기 1~2조각을 넣고 줄기에서 잎까지 돌돌 말아준다.

③ 전용 그릇에 차곡차곡 넣은 후 김칫국물과 생수1을 넣는다.

④ 전자레인지에 넣고 13분 가열한다. 10분 뜸을 들인 뒤 10분 더 가열한다.

> 넷째 날 - 깊고 개운한 상

🕙10분 새송이버섯볶음

특유의 향과 감칠맛을 지녀 누구나 즐겨 먹는 버섯. 널리 알려진 버섯으로는 송이, 표고, 느타리, 목이, 석이버섯 등이 있는데요, 자생하는 송이는 귀하고 값도 비싸서 비교적 저렴한 양송이, 느타리, 표고, 새송이 등을 주로 사용하죠. 그중 찌개에 넣어 끓이고, 전도 부칠 수 있고, 장조림으로도 만들 수 있는 새송이버섯을 후다닥 전자레인지에서 볶아 먹을 수 있는 방법을 소개할게요. 쫄깃하게 씹히는 버섯에 굴소스를 넣어 감칠맛이 살아있어 절로 밥맛이 돌아온답니다.

재료 　새송이버섯 5개

양념 재료 　다진 마늘 1, 간장 1, 굴소스 1, 맛술 1, 소금 약간, 후추 약간, 참기름, 통깨

Tip 버섯은 너무 두껍게 썰기보단 적당히 얇게 썰어야 간도 배고 맛있다.

Recipe

① 새송이버섯은 먹기 좋은 크기로 자르거나 채 썰어 준비한다.

② 양념 재료를 한데 섞은 후 잘라 놓은 버섯과 버무린다.

③ 전자레인지에 5분 가열 후 꺼내서 뒤집고 2분 더 가열해 준다.

넷째 날 – 깊고 개운한 상

황태채볶음

황태는 고단백 저지방 식품으로 콜레스테롤이 낮고 영양가가 높아요. 또한 신진대사를 원활하게 하고 간을 보호해 과음 후 해독 및 노폐물 제거에도 효과가 있다고 해요. 우리 애주가분들은 꾸준히 챙겨 드시는 게 좋을 것 같네요.^^

재료 황태채 300g

양념 재료 고추장 2, 고춧가루 3, 진간장 2, 물엿 3, 매실액 2, 참기름, 식용유, 깨소금 1, 다진 마늘 0.5

01. 든든한 가정식

📋 Recipe

① 황태는 결대로 찢어 물에 잠시 담갔다가 물기를 꼭 짠다.

② 고추장, 고춧가루, 진간장, 물엿, 매실액, 참기름, 식용유, 깨소금, 다진 마늘을 섞어 양념을 준비한다.

③ 준비해 놓은 양념에 물기를 제거한 황태를 넣고 조물조물 양념을 한 후 잠시 간이 배도록 10분 정도 놔둔다.

④ 전자레인지에서 6분 가열한다.

든든한 가정식 한 끼 밥상

다섯째 날 - 감칠맛 푸짐한 상

—

보리밥

아욱된장국

꽈리고추갈치조림

돼지고기메추리알장조림

소시지야채볶음

다섯째 날 - 감칠맛 푸짐한 상

 15분 | 보리밥(2인분)

어린 시절, 여름이면 주식이 되었던 보리밥. 요즘은 건강식으로 많이들 먹는 잡곡이 보리지요. 보리는 박박 문질러 닦아 맑은 물이 나오도록 씻어서 밥을 지어야 부드럽고 입 안에서 잘 퍼져요. 그냥 솥 밥으로 지을 때는 미리 불리거나 삶아서 쌀과 함께 안쳐 주면 된답니다. 전자레인지 밥인 경우 전날 불려놓은 보리를 13분간 전자레인지에 조리해서 열을 식힌 후 냉장고에 보관해 놓았다가 불린 쌀과 함께 밥을 하면 여름 반찬들과 먹어도 잘 어울리는 맛있는 보리밥이 완성됩니다.

재료 불린 보리 1컵, 불린 쌀 1컵, 생수 2컵, 소금 3꼬집

Tip 보리밥을 할 때는 보리를 깨끗한 물이 나올 때까지 박박 문질러 씻는다. 보리밥은 뜸을 충분히 들여 주는 게 포인트! 이 과정을 잘 지켜서 불린 쌀과 함께 밥을 하여 잘 익은 열무김치와 고추장과 참기름 한방울이면 무더운 여름 잃어버린 입맛을 되찾을 수 있는 별미가 된다.

Recipe

① 냄비에 전날 불린 보리 1컵과 불린 쌀 1컵, 생수 2컵과 소금 3꼬집을 넣는다.

② 전자레인지에서 13분 가열하고 5분 뜸들인다.

전자레인지 요리 상식

소량이거나 수분이 적은 음식은 특별한 주의가 필요합니다. 김, 마른오징어, 쥐포 등과 같이 수분이 적은 식품을 장시간 조리하면 눌어붙거나 타는 경우가 있으므로 주의하세요.

> 다섯째 날 – 감칠맛 푸짐한 상

15분 아욱된장국

아욱국 하면 눈과 귀가 번쩍! 그 맛을 기억하는 제 입과 머리가 꼴각꼴각(?) 반응하는 요리예요. 어릴 적 친정엄마가 많이 해주셨던 국인데 어쩜 먹어도 먹어도 질리지 않는지... 슴슴하게 끓이면 볶음밥이나 덮밥에 가장 잘 어울리는 국이 바로 아욱된장국이죠. 멸치다시마육수가 들어가 감칠맛이 좋아요.

재료 아욱 200g, 청양고추 1개, 대파(10cm) 1뿌리, 멸치다시마육수 5컵

양념 재료 고춧가루 약간, 다진 마늘 0.5, 된장 2

Tip 아욱은 줄기가 연하고 잎이 부드러워 국을 끓이거나 죽을 쑤거나 쌈으로 먹어도 맛있다. 봄부터 가을까지 맛볼 수 있는데 가을 아욱이 제일 맛있다. 간이 싱거우면 소금으로 간을 한다. 밥을 넣어서 슴슴하게 끓이면 부드럽고 맛난 아욱죽이 된다.

Recipe

① 아욱은 줄기 끝을 꺾어 아래로 쭉 잡아 당겨 섬유질을 한 겹 벗겨내고 푸른 물이 나오도록 박박 문질러 씻은 후 맑은 물에 행군다. 그래야 질기지 않고 풋내가 나지 않는다.

② 멸치다시마육수에 된장을 풀어준다.

③ 아욱은 먹기 좋은 크기로 잘라 된장 푼 그릇에 담고 마늘, 고춧가루, 대파, 청양고추를 넣고 뚜껑을 닫는다. 전자레인지에 10분 가열한다.

꽈리고추 갈치조림

다섯째 날 – 감칠맛 푸짐한 상

꽈리고추와 감자를 넉넉하게 넣은 갈치조림이에요. 육수를 넣지 않고 액젓만으로 깊은 국물 맛을 내보세요. 양념 맛이 깔끔하고 꽈리고추의 맛과 향이 감자와 갈치에 배어 아주 맛있답니다. 나머지 양념에 감자를 으깨어 밥과 함께 비벼서 먹을 수 있는 푸짐한 밥상을 차려보세요.

재료 갈치 6토막(400g), 감자 1개, 양파 1/2개, 꽈리고추 15개, 물 2컵, 홍고추 1개, 식초 3큰술

양념 재료 고춧가루 3, 설탕 1, 다진 마늘 1, 간장 3, 액젓 2, 맛술 2, 다진 생강 0.3

Tip 1. 생선을 손질할 때 식초를 약간 넣으면 비린내가 사라진다. 조리할 때에는 처음부터 뚜껑을 열고 가열해야 비린맛이 덜하다. 처음 가열할 때는 뚜껑을 열고, 다 끓어 오르고 난 뒤에는 뚜껑을 닫고 조리한다.

2. 젓가락으로 감자를 찔러보자! 잘 들어가면 익은 것이다. 하지만 생선은 잘 익혀 먹어야 하기 때문에 감자가 익었어도 한 번 더 뒤집어 익혀 주는 것도 잊지 말자.

Recipe

① 갈치는 은색 비늘을 긁어내고 깨끗하게 씻어 식초 3큰술을 부은 물에 5분 정도 담가 비린내를 제거하여 건져낸다. 꽈리고추는 꼭지를 떼고 감자와 양파는 1cm 두께로 썰어 준비한다.

② 양념장을 한데 섞어 조림장을 만든다.

③ 전용 그릇에 감자, 양념장, 갈치, 양념장, 꽈리고추, 양파, 양념장 순서로 올리고 양념이 배이게 30분 정도 놓아둔다.

④ 물 2컵을 붓고 전자레인지에 8분 가열하고 꺼내어 뒤집은 후 다시 5분 가열한다.

다섯째 날 - 감칠맛 푸짐한 상

15분 돼지고기메추리알장조림

보통은 소고기를 이용해 장조림을 만들지만 돼지고기의 안심살을 이용해 장조림을 하면 육질이 부드럽고 연하며 철분이 풍부해 아이들이나 연세가 있는 어른들이 먹기에도 좋아요~ 만드는 방법은 아주 간단하고 맛있는 국민반찬 메추리알장조림. 탱글탱글~ 쫀득쫀득 푸짐하게 만들어 놓으면 든든한 집 반찬! 달달 짭조름한 정말 맛있는 메추리알의 매력~ 밥 한 그릇이 금방 비워질 거예요.

재료 깐메추리알500g . 돼지고기안심 200g

양념 재료 간장5 참치액젓3 올리고당4 물 2컵(*고기 삶는 물 따로 3컵)

Tip 육즙이 많고 육질이 부드러우니 두껍게 잘라 사용해 요리한다. 고기를 결대로 찢어 국물을 얹어 내어주면 간이 세지 않은 장조림이 된다.

01.
든든한
가정식

📋 **Recipe**

① 돼지고기는 6cm 길이로 썰고 전용 그릇에 담아 물 3컵을 붓고 전자레인지에 4분 가열한다.

② 고기 끓은 물은 버리고 고기는 건져 체에 밭쳐 식힌다.

③ 식힌 고기는 먹기 좋게 결대로 찢어 준비한다.

④ 전용 그릇에 분량의 양념장을 만들고 준비한 메추리알과 고기를 넣어 함께 섞는다. 뚜껑을 덮고 전자레인지에 5분 가열한 다음 꺼내어 뒤집어 준 뒤 다시 3분 더 가열한다.

다섯째 날 - 감칠맛 푸짐한 상

소시지야채볶음

10분

젊은 시절 맥줏집에서 먹었던 안주 소시지야채볶음을 기억하시죠? 달달한 양념과 탱글탱글한 소시지가 환상 궁합이었죠. 힘들었던 하루 일과를 마감하고 그날의 스트레스를 확 날려 줬던 바로 그 옛날 안주! 오늘은 밥반찬으로도 참 잘 어울리는 소소지야채볶음을 만들어 볼까요?

재료 비엔나소시지 한 봉지, 초록피망 1/2개, 양파 1/4개, 빨간 파프리카 반 개, 마늘 두 쪽

양념 재료 칠리소스 3, 케첩 2, 올리고당 1, 스테이크소스 1

Tip 소시지는 칼집을 넣어야 전자레인지에서 터지는 소리가 나지 않는다.

Recipe

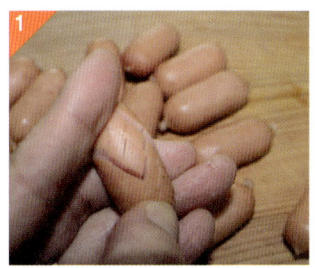

① 소시지는 열십자로 칼집을 내준다.

② 양파와 피망은 한입 크기로 자르고 마늘은 편으로 썰어 소시지와 함께 섞는다.

③ 분량의 양념재료를 ②에 골고루 섞어 전자레인지에 4분 가열한다. 꺼내어 섞은 뒤 2분 더 가열한다.

건강한 제철 한 끼 밥상

첫째 날 - 맑고 싱싱한 상

봄동쌈밥

우렁된장국

가지소고기찜

호박무침

첫째 날 - 맑고 싱싱한 상

  7분

봄동쌈밥

겨울에 배추를 잘라낸 뒤에 남겨진 뿌리에서 나오는 새싹을 봄동이라고 하죠. 다른 배추보다는 잎이나 줄기가 좀 두껍긴 하지만 씹는 맛이 좋고 달달합니다. 삶아서 부드러운 쌈이나 된장국으로 먹어도 맛나고 겉절이로 즐겨도 좋아요. 봄동은 아미노산과 칼슘, 섬유질이 풍부하고 칼로리도 낮아서 변비에 좋고, 다이어트에도 좋은 음식이랍니다. 봄동은 전자레인지로 영양 손실 없이 삶고, 쌈장은 은근한 불에서 바글바글 조려 보세요.

재료   봄동 한 포기(15장 정도), 옆으로 퍼진 봄동 15장

쌈장 재료   양파 1/2개, 홍고추 1개, 풋고추 1개, 다진 마늘 0.5, 된장 5, 고추장 1, 고춧가루 1, 맛술 2, 물 1/2컵

Tip 기호에 맞게 우렁이와 함께 쌈장을 만들어도 좋다.

Recipe

① 봄동은 꼭지를 잘라 흐르는 물에 씻는다.

② 씻은 봄동은 물기를 털지 말고 전용그릇에 지그재그로 담아 전자렌지에 4분 가열한다.

③ 가열한 봄동은 찬물에 헹구어 물기를 꽉 짜준다.

④ 쌈장을 곁들어 식탁에 올린다

첫째 날 - 맑고 심심한 상

23분 우렁된장국

쫄깃한 식감의 우렁이를 넣어 시원하게 즐길 수 있는 우렁된장국! 간 해독에도 좋고 골다공증 예방에도 좋은 우렁이를 활용했어요. 시원하고 건강한 국으로 만들어 즐겨보세요.

재료 　　우렁이 20개, 부추 약간, 멸치다시마육수 3컵

양념 재료 　된장 0.5, 국간장 또는 소금 약간, 고춧가루 약간, 다진마늘 0.5

Tip 우렁이는 요리 전 밀가루를 넣고 바락바락 문질러 흐르는 물에 깨끗이 씻는다. 그래야 특유의 비린 맛이 나지 않는다.

Recipe

① 우렁이에 밀가루를 넣고 바락바락 문질러 흐르는 물에 깨끗이 씻는다. 멸치다시마육수를 3컵 만들어 준비한다.

② 전용 냄비에 멸치다시마육수를 모두 붓고 된장을 체에 담아 푼 후 우렁이를 넣는다.

③ 전자레인지에 15분 가열 후 뚜껑을 열고 홍고추와 다진 마늘 그리고 대파를 넣고 5분 더 조리한다. 모자란 간은 국간장이나 소금으로 한다.

15분 가지소고기찜

첫째 날 – 맑고 싱싱한 상

이제는 사시사철 가지를 맛볼 수 있지만, 역시 여름 가지가 씨도 적고 맛도 가장 좋지요. 가지 껍질의 보라색 성분은 혈액 중 콜레스테롤을 낮춰주는 효능이 있다고 합니다. 가지는 수분이 많아 몸의 열을 내리고 식중독을 예방해 여름에 먹으면 아주 좋은 채소예요. 또한 가지와 소고기는 맛과 영양 모든 면에서 궁합이 잘 맞는답니다. 가지를 고를 때 너무 굵은 것은 싱거울 수 있으니 통통하고 길이가 짧으면서 윤기가 도는 것을 선택하세요.

재료 다진 소고기 150g, 가지 2개, 양파 1/4개, 생수 5큰술
양념 재료 시판 소불고기 양념장 5
소금절임물 물 4컵, 소금 2

Tip 냉동실에 먹다 남은 인스턴트 떡갈비를 소고기 대신 잘게 다져 사용해도 맛있다.

Recipe

① 가지는 5~6cm 길이로 잘라 열십자로 칼집을 내준 후 소금물에 살짝 절이고 물기를 제거한다. 가지의 물기를 제거할 때는 가지를 손에 넣고 스폰지 짜듯이 살며시 짠다.

② 양파와 소고기는 잘게 다지고 소불고기 양념 5큰술을 넣어 골고루 섞어 준다.

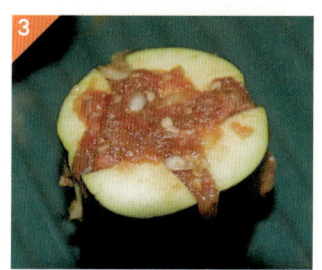

③ 물기를 짜낸 가지에 소를 쏙쏙 넣어주고 나머지 양념에 생수 5큰술을 섞고 남은 양념장까지 살포시 부어준다.

④ 전용 그릇에 올려 전자레인지에 5분 가열한다.

첫째 날 - 맑고 심심한 상

 호박무침

애호박을 전자레인지에 쪄서 약간의 온기가 있을 때 미리 만든 양념장에 무쳐 먹는 밥반찬이랍니다. 볶아서 먹어도 맛있지만 전자레인지에 조리해서 무쳐도 담백하고 고소해요. 숟가락으로 푹푹 떠서 뜨거운 밥에 올려 먹으면 밥 한 공기는 무조건 뚝딱인 반찬이에요.

재료 애호박 1개

양념 재료 고춧가루 1, 다진 파 2, 다진 청양고추 1, 다진 마늘 0.5, 간장 2, 올리고당 1, 참기름 1, 통깨 0.5

Recipe

① 애호박은 반으로 갈라 1cm 두께로 썰어 준다.

② 전용 그릇에 썰어 놓은 애호박을 올려 3~4분 가열한다.

③ 양념 재료인 고춧가루, 다진 파, 다진 청양고추, 다진 마늘, 간장, 올리고당, 참기름, 통깨를 넣고 양념장을 만들어 준다.

④ 호박이 익어 나오면 한 김 식힌 후 양념장에 넣고 조물조물 무쳐 준다.

건강한 제철 한 끼 밥상

둘째 날 - 보양 가득 넉넉한 상

삼계탕

삼계죽

부추무침

깻잎찜

둘째 날 - 보양 가득 넉넉한 상

8분 삼계탕

삼계탕을 직접 끓이지 않고, 이미 만들어 파는 제품을 더 맛있고, 푸짐하고 배부르게 먹는 방법! 물론 생닭으로 만들면 더 좋겠지만 이미 완성된 삼계탕을 전자레인지를 사용해서 조리해 먹어도 맛있게 즐길 수 있어요.

재료 　시판 삼계탕 1봉지, 마늘 10알, 후추 약간, 대파 1/3뿌리

양념 재료 　소금, 후추

Tip 요즘에는 실온 보관할 수 있는 삼계탕 제품들이 시판되고 있다. 개봉하여 바로 전용 그릇에 옮겨 담은 후 전자레인지에 8분 가열하고 식성에 따라 대파, 후추, 소금을 추가하면 더욱 맛있다.

 Recipe

① 시판 삼계탕과 꼭지를 뗀 통마늘을 준비한다.

② 전용 그릇에 삼계탕과 마늘을 담고 8분 가열한다.

③ 조리된 삼계탕에 대파와 소금 후추로 간을 하거나 찍어 먹는다.

둘째 날 - 보양 가득 넉넉한 상

 10분 **삼계죽(2인분)**

삼계탕을 맛있게 먹고 나서 남은 육수에 죽을 만들어 먹지 않으면 매우 서운하지요. 죽을 곁들이면 한 끼 뚝딱 해결하기 좋아요. 오랫동안 끓여야 먹을 수 있던 삼계죽을 이렇게 간편하면 먹을 수 있어 매우 행복합니다.

재료 밥 한 공기, 당근 약간, 부추 또는 실파 약간

Tip 밥보다 국물이 모자를 경우 뜨거운 온수를 한 컵 더 첨가한다. 싱거우면 소금으로 간을 넣는다.

Recipe

① 시판 삼계탕을 다 먹은 후 남은 육수에 밥 한 공기를 넣어 준다. 다진 당근과 실파 또는 부추를 송송 썰어 넣고 밥알이 퍼지도록 전자렌지에 5분 가열한다

② 꺼내어 한 번 저어준 후 다시 5분 가열한다. 취향에 따라 후추를 뿌려 완성한다.

전자레인지 요리 상식

전자레인지는 프라이팬으로 조리할 때처럼 재료를 자주 뒤집어줄 수 없으므로 재료별 조리 시간과 온도를 체크해 놓는 게 중요해요. 삶거나 굽는 재료가 큰 덩어리라면 중간에 한 번 정도는 뒤집어줘야 하지요. 또한 전자레인지를 자주 열고 닫으면 온도가 내려가 조리 시간이 더 길어질 수 있음을 유의하세요.

> 둘째 날 – 보양 가득 넉넉한 상

5분 부추무침

피로 해소에 좋은 부추를 맛있게 즐기는 방법은 윤기 나게 무쳐서 상에 내놓고 따끈한 밥에 부추무침을 얹어서 먹는 거예요. 잃어버린 입맛을 살려주고 밥맛도 절로 살아납니다. 꾸준히 먹어 주면 피를 맑게 하고 면역력까지 높아진다고 하니 풋풋하고 신선한 부추무침 만들어서 저녁 식탁에 꾸준히 내어 삼계탕이나 삼계죽 또는 고기요리를 먹을 때 함께 섭취하면 아주 좋습니다.

재료   부추 다섯 줌(250g), 양파 1/4개

양념 재료   고춧가루 2, 다진 마늘 0.5, 간장 1, 올리고당 2, 액젓 2, 참기름 2, 깨 약간

📋 Recipe

① 부추는 5cm 간격으로 썰고 양파는 가늘게 채 썰어 준다.

② 분량의 양념장을 섞어 부추에서 풋내가 나지 않도록 먹기 직전에 살살 버무려 상에 올려준다.

전자레인지 요리 상식

전자레인지 전용 그릇에 식초 5큰술을 넣고 생수 한 컵 또는 반 컵을 넣고 가열해 보세요. 가열되면서 수증기가 맺혀 전자레인지 속의 묵은 때를 불려주면서 냄새도 제거된답니다.

깻잎찜

둘째 날 - 보양 가득 넉넉한 상

고슬고슬 막 지은 뜨끈한 밥에 깻잎찜 한 장씩 싸서 먹으면 어느새 밥 한 그릇 뚝딱 비우게 되죠. 깨끗이 씻어 양념장 얹고 전자레인지에 가열하면 되니 만들기도 정말 간단한 반찬이랍니다. 깻잎 향을 좋아하시는 분들은 양념장을 올려 놔두었다가 숨이 죽으면 그대로 밥에 싸 드시더라고요. 깻잎을 한 번 가열해 주면 강했던 깻잎 향도 은은해져서 아이들도 매우 잘 먹는 밥반찬이 된답니다.

재료   양파 1개, 당근 반 개, 깻잎 10묶음

양념 재료   간장 10, 고춧가루 3, 생수 10, 다진 마늘 1, 다진 파 1, 참기름 2, 올리고당 2

Tip 넉넉히 재워 놓고 식탁을 차리기 전에 조금씩 쪄 올리면 방금 만든 깻잎찜처럼 보들보들 맛있다. 깻잎찜은 오래 또 여러 번 전자레인지에 가열하면 질겨지니 재워놓았다가 먹을 때마다 꺼내 가열하는 걸 추천한다.

Recipe

① 깻잎은 깨끗이 씻어 물기를 뺀다.

② 분량의 양념장을 만든다.

③ 물기 뺀 깻잎은 5장씩 깔고 그 위에 양념장을 골고루 얹는다. 같은 방법으로 양념하여 30분 정도 재웠다가 뒤집은 후 냉장고에 넣어둔다.

④ 냉장고에서 먹을 만큼 꺼내어 전용 그릇에 담아 전자레인지에 4분 가열한다.

건강한 제철 한 끼 밥상

셋째 날 - 산뜻한 상

―

감자밥

김치콩나물국

한입불고기

묵무침

셋째 날 – 산뜻한 상

감자밥(2인분)

가끔 밥통에 알감자 듬뿍 넣고 보실보실 하게 지은 감자밥이 먹고 싶을 때가 있습니다. 하지만 혼자 살면서 정석대로 감자밥을 만들어 먹기란 매우 힘들어요. 해서 오늘은 전자레인지 그릇에 간단하게 만들어 내는 감자밥을 소개할게요. 전용 그릇만 있으면 감자밥도 거뜬히 만들어 먹을 수 있어 좋아요. 감자는 당뇨 환자에게도 적극적으로 권유하는 음식이며, 포만감은 높은 반면에 열량은 낮아 비만 예방에도 효과 좋은 저칼로리 식품이랍니다. 뚝딱 만들어 보아요.

재료   불린 쌀 2컵, 감자 2개, 생수 2컵

Tip
1. 식성에 맞게 양념장을 만들어 비벼 먹어도 아주 맛있다.
   (양념 재료: 간장 3, 다진마늘 0.5, 다진파 1, 올리고당 0.5, 참기름 1)
2. 감자는 너무 두껍게 자르면 익는 시간이 길어질 수 있어 감자의 크기를 일정하게 자르는 것이 좋다. 전자레인지에서 꺼내어 젓가락으로 찔러 익은 정도를 확인하고 가열하는 시간을 가감해 준다.

Recipe

① 감자는 깨끗이 씻어 껍질을 벗기고 차가운 물에 전분기를 씻어 4~5등분하여 밤톨만 한 크기로 자른다.

② 전용 그릇에 감자와 불린 쌀을 골고루 넣고 생수 2컵을 부어준다.

③ 전자레인지에 13분 가열하고 5분 뜸들여준다.

셋째 날 – 산뜻한 상

 18분 **김치콩나물국**

집에 먹을만한 국이 없을 때 잘 익은 신김치와 콩나물로 끓여 먹는 김치콩나물국. 멸치다시마 육수에 끓여 밥 한 그릇 말아서 뚝딱 먹으면 아주 시원하고 개운한 맛의 국이랍니다. 국 한 그릇 후루룩 들이키다 보면, 스트레스도 더위도 모두 사라질 것 같습니다.

재료   콩나물 한 줌(150g), 신김치 1/2컵, 김치국물 7, 멸치다시마육수 또는 물 3컵, 대파 약간, 청양고추 1개

양념재료   고추가루 0.5, 다진마늘 0.3, 소금, 후추 약간, 멸치액젓 1

Tip 김치를 잘게 썰어야 먹기에도 좋고 부드러운 식감의 김치콩나물국을 만들 수 있다.

Recipe

① 콩나물 한줌은 씻어 전용 그릇에 담고 김치 반 컵은 잘게 다지고 대파와 청양고추는 송송 썬다.

② 전용 그릇에 육수 또는 물을 넣고 자른 김치와 양념을 넣고 전자레인지에 15분 가열한다.

③ 꺼내어 모자란 간은 소금 후추로 간을 한다.

셋째 날 - 산뜻한 상

15분 **한입불고기**

보통 '불고기' 하면 간장양념에 채소와 버섯을 넣은 요리를 생각하죠. 한입불고기는 불고기 양념으로 맛을 낸 소고기 다짐육을 작고 동그란 모양으로 만들어 빵 위에 채소와 함께 올린 핑거푸드예요. 만들어 놓으면 은근 요기도 되면서 술안주도 되지요. 고기 밑에 빵을 깔아 주니 보기에 조화로워서 손님상에 내놓아도 전혀 손색이 없는 요리예요. 달달 짭조름해서 아이들도 손에 들고 한입에 쏙 넣기 좋은 간식이고요.

재료 소고기 다짐육 300g, 식빵 5장, 양상추 10장, 홍고추 1개, 청고추 1개, 어린잎채소(생략 가능)

양념 재료 간장 1, 다진 마늘 0.5, 다진 파 2, 설탕 0.5, 후추 약간, 참기름 1, 물엿 1, 양파즙 2

Tip 고기의 양념 재료 만들기가 번거롭다면 시판하는 불고기양념장을 사용해도 좋다. 시판 불고기양념장 사용 시 소고기 300g 기준 숟가락 분량으로 5숟갈가량 정도 넣고 치대어 준다. 아이들이 먹을 땐 청양고추를 뺀다.

Recipe

① 소고기와 양념재료를 섞어 손으로 반죽하여 많이 치댄 후 30분 정도 재워 두었다가 찍어낸 식빵의 크기보다 작은 모양으로 만든다. 전용 그릇에 8개씩 올려 3분 가열 후 뒤집어 1분 가열한다.

② 식빵은 작은 몰드나 동그란 맥주컵의 입구를 이용해 동그랗게 찍어 모양을 낸다. 전용 그릇에 담아 8개 기준으로 1분 가열한다. 양상추는 손으로 식빵의 크기만큼 찢어 준다.

③ 식빵 위에 양상추와 고기를 올리고 어린잎, 홍고추, 청고추 순서로 슬라이스해 장식한다.

셋째 날 - 산뜻한 상

10분 묵무침

간단한 재료만으로도 맛있게 즐길 수 있는 묵무침! 이런 무침의 종류는 양념장의 비율이 제일 중요하죠. 실패 없이 만들 수 있는 양념으로 묵무침을 즐겨보세요.

재료 도토리묵 1모, 오이 반 개, 양파 반 개, 상추 약간(생략 가능), 당근 약간, 청양고추 약간

양념 재료 양조간장 3, 올리고당 2, 다진 마늘 0.5, 고춧가루 2, 참기름, 통깨 약간

Tip 전자레인지묵 만들기

재료: 도토리묵 가루 1컵, 뜨거운 물 3컵
양념재료: 소금 약간, 들기름 1 또는 참기름 1

1. 도토리묵 가루를 뭉침 없도록 뜨거운 물에 거품기를 이용해 잘 풀어준 후 고운 체에 걸러준다.
2. 전용 그릇에 담아 뚜껑을 열고 전자레인지에 3분 가열한 다음, 꺼내어 거품기를 이용해 한 방향으로 재빨리 1분 정도 저어준다.
3. 다시 전자레인지에 2분 가열한 후 꺼내어 참기름 또는 들기름 1을 넣고 소금도 2꼬집 넣어 한 방향으로 1분 정도 저어준다.
4. 네모난 틀에 담아 실온에 보관한다. 더운 날에는 냉장고에서 굳히고, 쌀쌀한 날에는 실온에서 5~6시간 굳히면 완성이다.

Recipe

① 양념 재료를 한데 섞어 양념장을 만들어 준다.

② 도토리묵은 한입 크기로 썰고 오이는 반으로 갈라 어슷하게 썬다. 양파는 채 썰고 당근은 굵게 채 썬다. 상추는 3cm 간격으로 썰고 고추는 어슷 썰어 준다.

③ 묵무침 양념에 모든 재료를 넣고 묵이 뭉개지지 않게 살살 버무려 주면 된다.

건강한 제철 한 끼 밥상

넷째 날 - 쫄깃 시원한 상

바지락솥밥

바지락미역국

제육볶음

무나물

바지락솥밥(2인분)

넷째 날 – 쫄깃 시원한 상

조개는 비타민B가 많아 빈혈이 있는 분들이 드시면 좋아요. 숙취와 피로 해소에도 좋은 조개는 다이어트에도 도움이 되며 고지혈증을 예방하는 데도 탁월한 음식이라고 하네요. 조개의 육수로 밥을 지으면 향긋한 향이 코끝부터 자극합니다. 자칫 비린 맛이 나지는 않을까 걱정했는데 비린 맛은 전혀 느껴지지 않아요. 비비지 않고 김치와 먹어도 별미랍니다.

재료 바지락 200g, 불린 쌀 1/2컵, 바지락 삶은 육수 1과 1/2컵

양념 재료 다진 달래 2, 간장 3, 물 1, 올리고당 1, 고춧가루 1, 통깨 1, 참기름 약간

Tip 〈바지락 삶는 팁〉

1. 냄비에 바지락이 잠길 정도의 물을 붓고 끓인다.
2. 물이 끓으면 맛술 2를 넣는다. 청주나 맛술을 넣으면 비린맛은 제거되고 풍미가 높아진다.
3. 끓지 않을 정도로 물 온도를 떨어뜨린 후 바지락을 넣는다. 바지락이 서서히 벌어지면서 골고루 익는다.
4. 물이 다시 끓기 시작하면 한 방향으로 저어주다가 바지락 입이 벌어지면 건진다. 바지락을 오래 삶으면 살이 질겨질 수 있으니 주의한다.

📋 Recipe

① 해감된 바지락은 바락바락 비벼 씻어 전용 그릇에 담는다. 뚜껑을 열고 바지락 입이 열릴 때까지 전자렌지에 10분 데친다.

② 데쳐진 바지락살과 껍질을 분리하고 삶은 물을 면 보자기에 걸러 육수로 활용한다. 불린 쌀과 바지락살을 섞고 그 위에 바지락 삶은 육수를 올려준다.

③ 전자레인지에 13분 가열하고 5분 뜸들인다.

④ 분량의 양념장을 만든다.

넷째 날 - 쫄깃 시원한 상

20분 바지락미역국

바지락을 넣고 미역국을 끓이니 역시나 밥을 한 그릇 말아서 뚝딱 맛있게 비우기 너무 좋아요. 바지락을 넣은 미역국은 국물부터가 달라요. 마치 사골탕을 섞은 듯 뽀얗게 국물이 우러난답니다. 조갯살의 감칠맛이 국물에 고스란히 배어 있어 담백하면서도 시원해요.

재료   불린 미역 1컵, 조갯살 200g, 물 5컵

양념 재료   참기름 1, 다진 마늘 1, 까나리액젓 2, 소금 약간, 후추 약간

Tip 〈바지락 해감하는 팁〉

1. 깨끗한 물에 2~3회 바락바락 씻는다. 껍질이 깨지거나 입을 벌리고 있는 바지락은 골라낸다.
2. 바지락이 잠기게 물을 붓고 소금을 2큰술 넣는다. 이때 소금물의 농도는 물 1 : 소금 2 정도로 맞춘다.
3. 볼에 스테인리스 체를 겹친 다음 바지락을 넣는다. 스테인리스 소재의 숟가락이나 포크를 같이 넣으면 해감이 더 잘되고 빨리 된다.
4. 신문지나 검은 비닐봉지를 덮는다.
5. 어둡고 서늘한 곳이나 냉장실에 넣어 2~3시간 정도 해감한다.
6. 모래가 나오지 않을 때까지 비벼주고 여러 번 물을 갈아 표면의 이물질을 제거한다.

Recipe

① 불린 미역과 손질한 바지락을 준비한다.

② 전용 그릇에 불린 미역과 물기를 뺀 바지락살을 넣고 양념 재료를 넣어 골고루 섞는다.

③ 전자레인지에 15분 가열한다.

④ 꺼내어 모자란 간은 소금으로 한다.

넷째 날 – 쫄깃 시원한 상

 10분 **제육볶음**

마트에서 돼지고기 한 근 사와 맛있게 양념해서 100g씩 소분해 냉장고에 얼려 놓았다가, 해동하여 바로 가열하며 한 번씩 뒤집어 주었더니 맛있는 제육볶음이 되었어요. 전자레인지에서 조리한 빨간 제육볶음 한 접시는 젓가락을 아주 바쁘게 해요. 담백하고 지방도 적당해서 맛있고, 가격도 저렴해서 넉넉히 사다 놓고 소포장 냉동 보관하기 좋지요. 먹고 싶을 때 꺼내어 4~5분 정도 가열해 먹는다면 이보다 더 편리한 반찬은 없죠.

재료 돼지고기 불고기(500g) 양파1/2개, 대파1/2개, 당근 약간
밑간재료 설탕 1, 마늘 1, 맛술 1, 생강 약간, 후추 약간
양념재료 고추가루 2, 마늘, 간장 2, 참치액젓 1, 청주 1(생략 가능), 올리고당 2, 참기름 1

Tip
1. 제육볶음을 좋아한다면 돼지 앞다리살을 사용한다. 가격도 저렴하고 지방이 적어 다이어터들에게도 매우 좋다.
2. 전용 그릇은 기름이 빠지는 골이 파인 그릇을 사용한다.
3. 고기의 양에 따라 가열 시간을 가감한다.(야채 포함하여 100g일 때 5분 가열하고 꺼내어 한 번 뒤집어 다시 2분 가열한다.)

Recipe

① 돼지고기는 밑간을 해 30분 재워두었다가 분량의 양념 재료를 넣고 골고루 무친다. 250g씩 나누어 먹을 만큼 소분한다.

② 전용 그릇에 고기를 널찍하게 펴고 전자레인지에 뚜껑이나 종이호일을 덮고 5분 가열, 뒤집어 3분 가열한다.

③ 분량의 당근은 반달 모양으로 얇게 자른다. 양파는 채 썰고 대파는 어슷 썰어 반으로 나누어 고기와 함께 볶아준다.

넷째 날 - 쫄깃 시원한 상

10분 무나물

무는 조려서 먹어도, 볶아서 먹어도 맛있죠. 고기를 넣고 끓인 뭇국은 꿀떡꿀떡 잘도 넘어간답니다. 하지만 역시 무에 단맛이 오르는 겨울에는 무나물을 만들어 먹는 게 제일 맛있어요. 무나물은 그냥 먹어도 맛있지만 밥에 비벼서 먹으면 그 또한 꿀맛이죠. 좋아하는 나물 반찬이지만 불에 볶는 게 번거롭다고 느끼는 분들을 위해서 전자레인지로 간단하게 만드는 방법을 알려드릴게요.

재료 무 80g, 청고추 반 개, 홍고추 반 개

양념 재료 생수 3, 소금 0.5, 다진 마늘 0.3, 다진 파 1, 참기름 1, 생강즙 0.3, 검은깨 약간, 깨소금 약간, 설탕 약간

Tip
1. 물 대신 멸치 육수를 사용해서 볶으면 훨씬 더 맛있다.
2. 무를 고를 땐 단단하면서 묵직한 무를 골라야 맛있다.
3. 무의 퍼런 부분은 무생채로, 흰 부분은 무나물을 만들거나 조림 또는 국으로 만들어 먹으면 맛있다.

Recipe

① 무는 0.5cm 간격으로 채 썰어 소금 0.3을 넣고 10분간 살짝 절여 준다. 청, 홍고추는 씨를 빼 가늘게 채를 썰고 마늘과 파는 곱게 다져준다.

② 살짝 절인 무는 물기를 짜서 전용 그릇에 담고 양념 재료를 넣어 골고루 섞어준다

③ 전자렌지에 4분 가열하고 꺼내어 청, 홍고추를 넣고 앞뒤로 뒤집어준다. 4분 더 가열하고 꺼내어 검은깨를 뿌려준다.

건강한 제철 한 끼 밥상

다섯째 날 - 담백 고소한 상

—

바지락초무침

황태해장국

대하구이

7분 바지락초 무침

다섯째 날 – 담백 고소한 상

실한 바지락살로 입맛 살리는 조개초무침을 해서 맛있게 드셔 보세요. 바지락살이 워낙 비싸서 조금만 넣는 대신에 채소를 가득히 넣고 무쳐보았답니다. 밥 한 그릇 맛있게 뚝딱할 수 있지요.

재료 바지락살 1컵(200g), 당근 약간, 양파 ¼개, 청고추 1개, 홍고추 1개, 대파 1/4개

양념 재료 고춧가루 2, 다진 마늘 0.5, 간장 3, 맛술 1, 식초 3, 올리고당 2, 참기름, 통깨 약간

Tip 소면과 함께 내놓으면 매우 좋다. 또한 먹기 직전에 무쳐서 식탁에 올리면 수분이 덜 생겨 양념이 싱거워지지 않는다.

Recipe

① 바지락살은 살살 씻어 끓는 물에 1~2분 가열한다. 찬물에 살짝 씻은 후 체에 밭쳐 물기를 뺀다.

② 양파와 당근은 채 썰고 고추와 대파는 어슷썰기 한다.

③ 분량의 양념장을 만들고 바지락과 야채를 버무려 준다.

④ 취향껏 참기름과 통깨를 뿌린다.

황태해장국

다섯째 날 – 담백 고소한 상

겨울은 뽀얀 국물이 입맛을 돋우는 황태해장국이 생각나는 계절이에요. 황태는 맛이 담백하고 고소하면서 속을 풀어주는 따뜻한 음식이에요. 황태와 궁합이 좋은 달걀을 함께 곁들이면 영양학적으로도 풍성하게 즐길 수 있답니다.

재료 황태 한 마리(작은 것), 무 80g, 생수 3컵(종이컵), 계란 1개, 대파 1/3뿌리, 마늘 0.5, 후추 약간, 소금 약간, 참기름

02.
건 강 한
제 철

🗒️ Recipe

① 얄팍하게 썬 무와 다진 마늘에 물 3컵을 붓는다. 전자레인지에 6분 가열해 펄펄 끓인다.

② 황태는 잘게 찢어 물에 잠시 담가 꺼내어 물기를 짠다. 소금, 후추, 참기름을 넣고 조물조물 무친 후 계란 1개를 풀어 함께 섞어준다.

③ 끓인 육수에 ②를 조금씩 넣는다.

④ 전자렌지에 넣어 다시 5분 가열한다. 꺼내어 국그릇에 담고 파와 고추를 고명으로 올린다.

| 10분 | **대하구이** |

다섯째 날 - 담백 고소한 상

싱싱한 제철 대하는 굵은 소금 위에 얹어 구워 먹는 게 제맛이다. 어느 날 혼자서라도 간편하게 먹고 싶은 날, 그런 날 있잖아요? 굵은 천일염을 적당히 깔고 그 위에 손질한 대하를 얹어 전자레인지에 조리하면 쉽고 간단하게 만들어 먹을 수 있어요. 콜레스테롤을 없애 주는 성분이 머리 쪽에 많다고 하니 버리지 말고 바삭하게 구워서 다 먹는 게 좋겠죠.

재료 대하 12마리, 천일염(굵은 소금)

양념 재료 초고추장

Tip 머리 부분은 전자레인지에 3분 더 구워 먹거나 버터나 기름에 튀겨 먹으면 더욱 맛있다.

Recipe

① 대하는 찬물에 담가 해동한다. 등에 있는 내장을 제거한 다음 키친 타올로 물기를 제거한다.

② 전용 그릇에 바닥이 보이지 않게 천일염을 깔고 대하를 겹치지 않게 그릇에 올린다.

③ 전자레인지에 3분 가열한다.

④ 꺼내어 뒤집어 4분 가열한다.

혼자서도 우아한 혼술 안주

첫째 날 - 막걸리 안주

—

깍두기묵밥

김치부침개

첫째 날 - 막걸리 안주

12분 깍두기묵밥(1인분)

달큰한 겨울 무로 맛있는 깍두기를 담가두었다가 잘 익혀서 묵밥을 만들면, 재료의 식감도 워낙 좋고 밥도 함께 들어가 있어 한 그릇 자체로 아주 기분 좋은 든든한 식사가 된답니다.

재료 밥 1/2공기, 도토리묵 1/3모, 깍두기 1/2컵, 조미김 1장, 청양고추 1개

양념 재료 설탕 0.5, 식초 1, 참기름 0.5, 통깨 0.5

육수 재료 멸치육수 3컵, 국간장 1, 까나리액젓 1, 후추 약간

Tip
1. 깍두기가 없다면 잘 익은 김치나 총각김치로 대신해도 좋다. 칼로리가 낮아 다이어트 하는 사람에게도 추천하는 한 그릇 음식이다.
2. 레시피의 간이 조금 센 편이라 밥이나 묵의 양을 늘리면 2인분으로 즐길 수 있다.
3. 냉장고에 있던 단단한 묵을 활용할 경우 끓는 물에 살짝 담갔다 빼서 사용할 것을 추천한다.

03.
혼자서도
우아한

Recipe

① 묵은 먹기 좋은 크기로 자르고 청양고추는 곱게 다지고 깍두기는 듬성듬성 다진다. 설탕, 식초 참기름, 통깨를 넣고 조물조물 한다.

② 전용 그릇에 분량의 멸치육수와 까나리액젓, 국간장을 넣고 **6분** 가열해 준비한다.

③ 전용 그릇에 밥을 넣고 묵과 양념한 깍두기, 김, 청양고추를 담고 멸치육수를 붓는다.

> 첫째 날 - 막걸리 안주

10분 김치부침개

저는 비가 오면 '그 사람'이 아니라 김치부침개 생각이 납니다. 비 오는 날 심심한 입맛을 달래줄 간식거리로 부침개만 한 것이 없죠. 부침개 곳곳에 박혀 있는 새콤하게 익은 김치를 뜯어먹는 재미도 어찌나 쏠쏠한지요. 전자레인지로 만드는 부침개는 기름을 사용하지 않고 종이호일을 사용하기 때문에 아무래도 칼로리가 적다는 것이 장점이에요.

재료 김치 300g(묵은지), 양파 1/4개, 청고추 1개, 홍고추 1개, 종이호일 1장, 올리브오일 3

반죽 재료 부침가루 1컵, 물 1컵

양념 간장 간장 3, 식초 2, 깨소금 약간, 고추가루 약간

Recipe

① 김치는 잘게, 양파는 채 썬다.

② 큰 볼에 부침가루와 채 썬 양파, 고추, 생수를 넣고 걸쭉하게 반죽을 만든다.

③ 전용 그릇에 종이호일을 깔고 올리브오일을 기름솔로 바른 후 반죽을 한 국자 떠서 얇게 펴 준다.

④ 전자레인지에 2분 가열 후 뒤집어 30초 더 가열한다. 종이호일은 새로 갈지 않고 계속 사용해도 된다.

혼자서도 우아한 혼술 안주

둘째 날 - 소주 안주

—

홍합탕

소고기간장떡볶이

둘째 날 - 소주 안주

20분 홍합탕

진하고 구수한 국물맛이 일품인 홍합탕. 포장마차에서 먹던 홍합탕이 생각날 때 손쉽게 만들 수 있어요. 홍합은 껍질째 까먹는 재미가 있을 뿐 아니라 준비한 사람의 정성도 돋보이는 음식입니다. 홍합 자체에 간이 배어 있고, 고소하고 담백한 맛도 나서 탕이나 구이로도 많이 요리된답니다. 양념을 많이 하게 되면 고유의 맛을 잃기 쉬우니 물만 넣고 끓이고 파와 고추는 나중에 띄워주세요. 제철에 저렴하게 사서 가족들과 맛있게 드셔보세요.

재료 홍합 50알, 마늘 2쪽, 홍고추 1/4개, 청양고추 1개, 물 2컵, 소금 약간, 후추 약간

Tip
1. 홍합은 늦봄에서 여름 사이가 산란기이므로 맛이 없다. 제맛을 즐기려면 이 시기를 피해야 한다.
2. 껍질을 벗겼을 때 살이 붉은빛이 도는 것으로 고르고 홍합에 붙어있는 수염은 끓는 물에 살짝 데친 다음 떼어내면 훨씬 수월하다.

Recipe

① 홍합은 수염을 제거하고 소금물에 깨끗이 문질러 씻어 불순물을 제거한다.

② 전용 그릇에 홍합, 편으로 썬 마늘과 다진 홍고추와 청양고추를 넣고 물을 붓는다.

③ 전자레인지에 13분 가열한다.

④ 전용 그릇을 꺼내고 송송 썬 대파를 올려 마무리한다. 취향껏 소금으로 간을 한 후 3분 더 가열한다.

> 둘째 날 - 소주 안주

소고기간장떡볶이

15분

쫄깃쫄깃 씹는 소리까지 맛있는 소고기간장떡볶이입니다. 소고기와 떡이 조화로워 어른들에게도 안성맞춤이고 맵지 않아서 아이들 간식으로도 좋아요! 가족을 위해 맛과 영양을 듬뿍 담은 식탁을 차려보세요.

재료   떡볶이떡 300g, 다진 소고기 150g

양념 재료   간장 2, 설탕 1, 다진 마늘 0.5, 참기름 2, 올리고당 1, 생수 1/3컵, 후추 약간

📝 Recipe

① 떡볶이 떡이 단단할 때는 말랑말랑해질 수 있도록 미지근한 물에 약 10분 정도 담가 둔다. 그래야 전자레인지에 가열하는 시간을 줄일 수 있다.

② 다진 소고기에 양념 재료를 섞어 만든 양념을 한다.

③ 전자레인지에 8분 가열한다.

④ 꺼내어 뒤섞은 후 다시 2분 가열하면 완성된다. 그릇에 담고 깨를 뿌려 준다.

혼자서도 우아한 혼술 안주

셋째 날 - 맥주 안주

―

감바스

먹태

셋째 날 – 맥주 안주

10분 감바스

감바스 알 아히요는 스페인의 대표적인 요리입니다. 감바스는 '새우', 아히요는 '마늘'을 뜻하지요. 또 이 음식을 '까수엘라'라고도 부르는데 '작은 냄비'를 뜻한답니다. 올리브 오일과 마늘 그리고 새우를 넣고 익히면 되는 쉬운 요리지요. 전자레인지를 활용해서 더 편하고 맛있게 만들 수 있는 레시피를 소개할게요. 지금 만들 감바스는 스타일리시한 술안주로도, 간편한 브런치로도 즐길 수 있답니다.

재료 (큰)새우살 20개, 마늘 20개, 페페론치노 10개, 올리브 오일 2/3컵

양념 재료 맛술 1, 액젓 1, 허브맛 소금 적당량

Tip 바게트는 굽지 않고 그냥 곁들여도 좋다. 시판 마늘빵과 함께 곁들이면 더욱 좋다.

Recipe

① 새우살은 씻어서 준비하고 마늘은 2~3등분한다. 페퍼론치노도 잘라서 준비한다.

② 전용 그릇에 준비한 재료들을 담고 양념 재료인 액젓, 맛술, 허브맛 소금을 넣고 올리브 오일을 붓는다.

③ 전자레인지에 5분 가열한다.

5분 먹태

셋째 날 – 맥주 안주

먹태는 황태보다 덜 말려서 더욱 부드럽답니다. 술집에서 인기가 많은 안주이기도 하죠. 이름도 재밌고요. 집에서 간단하게 만들어 친구와 맥주 한 잔 할 때 곁들여 먹으면 좋은 안주 먹태!

재료 먹태 한 마리

양념 재료 다진마늘 0.5, 청양고추 약간, 마요네즈 2, 식초 1

Tip 먹태의 껍데기를 좋아하지 않으면 살과 껍질을 분리해 껍질은 육수를 낼 때 사용해도 좋다.

Recipe

① 먹태의 꼬리부터 잡고 머리 쪽으로 당기면 아주 쉽게 껍질과 살을 분리할 수 있다.

② 손질한 먹태를 먹기 좋은 사이즈로 찢고 그릇에 펼쳐 준다.

③ 전자레인지에 1분 가열한다. 바삭한 식감이 좋다면 3분 가열한다. 진간장 1, 다진 마늘 0.5, 청양고추 적당히, 마요네즈 2, 식초 1을 섞어 소스를 만든다.

혼자서도 우아한 혼술 안주

넷째 날 - 사케 안주

—

오꼬노미야키

감자베이컨찜

넷째 날 – 사케 안주

오코노미야키
10분

요즘 비 오는 날이 잦아요. 비가 오는 날 생각나는 음식은 단연 부침개이지만, 저는 오늘은 오코노미야키를 만들어 보았어요. 아주 간단한 재료로 맛있게 만들기도 쉽고 유명한 음식점에서 만드는 오코노미야키만큼은 아니지만 기름을 넣지 않고, 두부와 계란을 넣어서 담백하니 간단한 한 끼 식사로도 손색이 없는 것 같아요. 바쁜 아침 이것저것 상에 차리지 말고 오늘은 제가 알려드리는 오코노미야키로 하루를 시작하는 건 어떨까요?

재료 두부 반 모, 달걀 1개, 양파 1/4개, 양배추 2~3장, 베이컨 3개, 밀가루 1큰술, 소금 약간, 후추 약간

소스 재료 우스터 소스, 돈가스 소스, 마요네즈

Tip 다이어트 중이라면 소스를 곁들이지 않아도 소금으로 살짝 간이 되어있으니 적당히 담백하게 먹는 것이 좋다.

🗒 Recipe

① 볼에 두부, 달걀을 넣고 잘게 부순다.

② 밀가루와 소금, 후추, 채 썬 양파와 양배추, 잘게 다진 베이컨을 넣고 골고루 섞는다.

③ 전용 그릇에 골고루 두껍지 않게 적당히 펴준다.

④ 전자레인지에 6분 가열한다.

넷째 날 – 사케 안주

10분 감자베이컨찜

감자를 슬라이스한 다음 베이컨과 허브 솔트만 뿌려 전자레인지에 가열하면 갑자기 방문한 손님상에 내놓더라도 전혀 손색 없을 안주 레시피예요. 맥주엔 역시 '치느님'이라지만 야식으로 치킨은 어쩐지 좀 부담스럽죠? 그럴 땐 구운 것도 아니고 삶은 것도 아닌 재미난 식감의 안주, 감자베이컨찜입니다.

재료 (큰)감자 1개, 베이컨 4개, 허브 솔트(소금과 후추로 대체 가능)

양념 재료 허브솔트 또는 소금과 후추 약간, 파슬리가루 약간

Tip
1. 베이컨은 열이 가해지면 줄어들기 때문에 감자의 크기보다 조금 크게 썰어야 보기도, 먹기도 좋다.
2. 감자는 썰어 전분기를 제거해 줘야 나중에 베이컨과 함께 가열했을 때 끈적임이 없다.
3. 젓가락으로 감자를 찔렀을 때 쑤욱 들어가면 익은 것이다.
4. 레몬을 슬라이스해서 곁들이면 멋과 향이 어우러진 고급진 혼술 안주 완성! 간이 모자라면 허브솔트를 살짝 곁들어 준다.

Recipe

① 감자는 1cm 두께로 썰어 물에 담가 전분기를 제거하고 키친타올 위에 올려 물기를 제거한다.

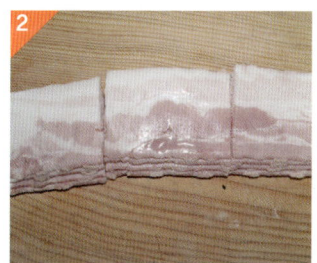

② 베이컨은 감자의 크기보다 조금 크게 삼등분한다.

③ 전용 그릇에 감자, 허브 솔트, 베이컨 순서로 겹겹이 올리고 전자레인지에 5분 가열한다. 전자레인지 안에서 베이컨 기름이 튈 수 있으니 종이호일을 살짝 덮어도 좋다.

④ 파슬리 가루를 뿌려 마무리한다.

혼자서도 우아한 혼술 안주

다섯째 날 - 와인 안주

—

라따뚜이

양송이치즈구이

다섯째 날 - 와인 안주

25분 라따뚜이

요리사 이야기를 그렸던 애니메이션 제목으로 기억하시는 분들 많으시죠? 프랑스 대표요리인 라따뚜이입니다. 색감 있고 건강한 재료를 동글동글하게 썰어 멋스러움을 더했답니다. 바게트를 올려 먹으면 더욱 맛있어요.

재료 가지 2개, 쥬키니 호박 1개, 토마토 3개, 토마토소스 1컵, 버터 1조각, 올리브 오일 적당량, 소금 한 꼬집, 파슬리 가루 약간, 후추 약간, 파마산치즈 적당량

Recipe

① 가지와 호박, 토마토를 둥글게 썬다. 그중 적당량은 둥근 단면을 살려 0.5cm 두께로 썰어 준비한다.

② 전용 그릇에 버터, 잘게 썬 가지와 호박, 소금과 후추를 넣어 전자레인지에 5분 가열한다.

③ ②에 토마토소스를 붓고 파슬리가루를 뿌린다. 둥글게 썬 가지와 호박, 토마토를 그릇에 돌려가며 담은 후 소금과 올리브오일을 살짝 뿌린다.

④ 전자레인지에 13분 가열하고 조리가 끝나면 파마산 치즈를 뿌려 마무리한다.

다섯째 날 - 와인 안주

10분 양송이치즈구이

양송이버섯과 치즈 맛이 잘 어우러진 간식으로 분위기 낼 때 간단하게 만들어 먹으면 아주 멋진 요리예요. 모양이 귀엽고 앙증맞은 양송이버섯을 더욱 맛있게 즐길 수 있답니다. 한 손으로 들고 먹기에 좋은 핑거푸드, 손님들 상차림에도 미리 만들어 내면 먹음직스럽고 눈으로 보기에도 즐거워 식탁이 살아나겠지요?

재료 양송이 10개, 양파 1/4개, 브로콜리 20g, 올리브 오일 2큰술, 파마산 치즈 2큰술, 다진 마늘 반 큰술, 체다 슬라이스치즈 3장, 소금 약간, 후추 약간

장식 재료 파슬리 가루 약간

Tip 그냥 먹기에 밋밋하다면 돈가스소스나 스테이크소스를 곁들어 먹어도 좋다.

Recipe

① 양송이는 기둥을 떼어내고 껍질을 벗겨 작은 숟가락으로 조심스럽게 속을 파내어 준다.

② 떼어낸 버섯기둥과 양파, 브로콜리는 잘게 다져 다진 마늘과 함께 치즈가루 소금, 후추를 넣고 간을 한 다음 전자레인지에 넣고 2분 가열한다.

③ 버섯 안에 올리브오일을 바르고 익힌 다진 채소를 양송이 안에 적당히 넣는다.

④ 체다치즈는 4등분하여 버섯 위에 올린 후 전자레인지에 30초 가열한다. 파슬리로 마무리한다.

혼자서도 우아한 혼술 안주

여섯째 날 - 소주 안주

—

닭꼬치

미트볼케찹조림

여섯째 날 - 소주 안주

  닭꼬치

길거리에서 풍겨오는 냄새에 종종 유혹되곤 하는 닭꼬치예요. 아이들의 고단백 영양식으로도 훌륭하고, 어른들의 안주 겸 밥반찬으로도 어울리는 녀석입니다. 전자레인지로 조리하면 간단하게 뚝딱 만들 수 있어요. 길거리에서 파는 건 왠지 아이들 먹이기엔 마음이 놓이질 않는다면? 직접 달콤짭쪼롬한 닭꼬치를 만들어 주세요. 아이 어른 모두들 좋아할 거예요.

재료 닭가슴살 1덩어리(150g), 미림 2큰술, 후추 약간, 소금 약간, 마늘 약간, 대파 1뿌리, 올리브 오일 1큰술

소스 데리야끼 소스, 물엿 또는 올리고당 1큰술

Recipe

① 닭가슴살은 먹기 좋은 크기로 잘라 소금과 후추, 미림을 넣고 1시간 정도 재운다.

② 마늘은 반으로 썰고 대파는 닭가슴살과 같은 굵기로 잘라 사진과 같은 순서대로 꼬지에 재료를 꽂는다. 기름솔을 이용해 올리브오일을 먼저 바른 후 데리야끼 소스와 물엿을 섞어 앞뒤로 바른다.

③ 전용 그릇에 종이호일을 깔고 그 위에 꼬치를 올리고 앞뒤로 데리야끼 소스를 바른다. 전자레인지에 2분 가열하고 꺼내어 다시 소스를 바르고 종이호일을 덮는다. 2분 더 가열한다.

④ 한 번 더 꺼내어 소스를 바르고 1분 더 가열한다.

여섯째 날 – 소주 안주

미트볼케찹조림

15분

고기는 잘 먹지만 채소를 잘 먹지 않는 아이들을 위해 준비해봤어요. 고기를 잘게 다지고 그 속에 채소를 숨겨 동그랗게 뭉친 후에 아이들이 좋아하는 케찹 소스로 조려 더욱 맛있는 간식이지요. 이대로도 즐길 수 있고 스파게티 위에 올려 먹어도, 갓 지은 밥과 함께 먹어도 참 맛있는 미트볼케찹조림. 아이들을 위해 사랑과 정성을 담아 만들어 보세요.

재료 다진소고기 300g, 양파 1/4개, 양송이버섯 3개

고기 양념 밀가루 1컵, 달걀 1개, 다진 마늘 0.5, 소금 한 꼬집, 후추 약간

소스 재료 케찹 1, 머스터드 1, 시판 토마토소스 1컵, 물 1/2컵, 파마산치즈가루 1, 파슬리가루 1

Tip
1. 소고기와 돼지고기를 같은 비율로 섞어 만들면 완자가 한결 부드러워진다.
2. 아이들이 좋아하는 견과류를 다져 넣은 완자를 만들어도 맛있다.

Recipe

① 키친타올로 핏물을 제거한 소고기에 다진 양파와 다진 당근, 다진 마늘을 넣는다. 소금과 후추로 간을 한 다음 치대어 주고 양송이버섯은 편으로 썰어 준비한다.

② 소고기를 메추리알 크기로 동그랗게 빚은 후 밀가루와 계란물을 묻힌다. 후라이팬에 올리브오일을 두르고 약불에서 굴려가며 노릇하게 익힌다.

③ 전용 그릇에 토마토소스와 물을 넣고 미트볼과 편으로 썬 양송이버섯을 넣어 전자레인지에 4분 가열한다.

④ 파슬리가루나 파마산치즈가루를 뿌려 완성한다.

하나로 OK!
간편 일품요리

소고기장조림버터비빔밥

대패삼겹살덮밥

렌틸콩닭가슴살토마토카레

베이컨초밥

명란아보카도덮밥

소고기비빔국수

치킨찹스테이크

밀푀유나베

가지토마토스파게티

편의점짜장범벅리조토

간편 일품요리

3분 소고기장조림버터비빔밥(1인분)

소고기장조림은 그냥 먹어도 맛있지만 이번 요리 이름에서 알 수 있듯이 버터가 들어가는 한 그릇 레시피예요. 쓱싹쓱싹 비벼서 먹으면 버터향과 소고기장조림의 짭조름함이 어찌나 잘 어울리는지 입에서 살살 녹는답니다. 장조림을 평소 잘 안 먹는 아이들에게도 이렇게 만들어 주면 너무 잘 먹더라고요. 지금 냉장고에 남은 장조림이 있다면 오늘은 손이 많이 가지 않는 소고기장조림 버터비빔밥 어떤가요?

재료 찬밥 한 공기, 깍두기 모양 버터 1개, 소고기계란장조림, 송송 썬 쪽파 1대, 장조림 국물 적당량

Tip 돼지고기장조림으로도 대체 가능하다.

Recipe

① 찬밥 한 공기에 버터를 올려 자연스럽게 밥 사이에 끼워 넣고 그 위에 장조림을 손으로 가늘게 찢어서 올린다.

② 장조림 국물을 3~4숟갈 정도 밥 위로 뿌린다.

③ 전자레인지에 2분 30초 가열한 다음 꺼내어 송송 썬 쪽파를 뿌리고 식탁에 올려 쓱쓱 비비면 완성.

간편 일품요리

 7분 **대패삼겹살덮밥**

더운 여름 불 앞에서 지지고 볶고 할 필요 없는 대패삼겹살덮밥이에요. 먹을 만큼 소분해서 냉동 보관해놨다가, 먹고 싶을 때 꺼내어 해동 후 전자레인지에 데우면 다른 반찬이 필요 없는 한 끼가 된답니다. 대패삼겹살은 일반 삼겹살보다 더 얇고 식감 또한 부드러워서 더 쉽고 간편하게 조리할 수 있어요. 양념이 깊게 배어 뜨거운 밥에 그냥 올려 먹어도 매우 맛있어요.

재료 냉동 대패삼겹살 1팩(600g), 양파 반 개, 당근 1/3개, 대파 반 뿌리

양념 재료 고추장 1, 진간장 3, 국간장 1, 고춧가루 1, 굴소스 1, 올리고당 2, 생강 약간, 다진 마늘 1, 후추 약간

Tip 〈고명 만드는 법〉
대파를 가늘게 채 썰어 찬물에 담가 둔다. 10분가량 매운맛을 뺀 후 물기를 제거한다.

Recipe

① 대패삼겹살은 양념 재료에 버무려 간이 배도록 냉장고에서 20분 숙성한다. 대파는 가늘게 썰어 찬물에 담가둔다.

② 전용 그릇에 대패삼겹살(250g)을 올리고 종이호일을 덮어 **4분** 가열한다.

③ 꺼내어 한 번 섞어주고 **1분** 가열 후 밥 위에 올린다.

④ 찬물에 담가놓았던 파채는 물기를 제거하고 고기 위에 고명으로 올린다.

간편 일품요리

렌틸콩 닭가슴살 토마토 카레

다이어트하면 빼놓을 수 없는 닭가슴살! 이번 요리는 보통 카레 만드는 방법과 비슷하지만, 닭가슴살을 베이스로 깔고 토마토와 기름에 볶지 않은 채소의 수분으로 만들어 먹는 카레랍니다. 토마토는 익혀야 그 영양가가 배가 되지요. 추가로 렌틸콩을 넣어 드시면 그 맛이 더 깊고 좋답니다. 다이어터들에게 추천하는 레시피예요.

재료 카레 반 봉지, 닭가슴살 150g, 토마토 1개, 양파 1/2 개, 빨간 파프리카 1/2개, 청피망 1/2개, 양파 1/2개, 당근 1/4개, 생수 반 컵, 우유 1컵, 물에 불린 렌틸콩 2

닭가슴살 삶는 재료 통마늘 6개, 월계수 잎 약간, 생수 4컵, 소금 약간, 후추 약간

Tip
1. 닭가슴살 삶는 게 번거롭다면 시판하는 캔닭가슴살을 사용해도 좋다.
2. 다이어트 중이라면 밥보다는 닭가슴살 위주로 접시에 담아 비벼 먹는 걸 추천한다.

Recipe

① 닭가슴살은 소금과 후추로 간을 하여 우유에 30분 정도 재운다. 물이 끓는 냄비에 닭가슴살을 넣고 충분히 익을 때까지 약불로 10분가량 끓인다. 차가운 물로 씻어 결대로 찢어놓는다.

② 토마토 윗부분에 열십자로 칼집을 내어 전용 그릇에 담고 1분 30초 가열한다. 껍질을 벗겨 듬성듬성 잘라준다.

③ 전용 그릇에 양파, 당근, 파프리카, 피망을 깍뚝썰기 해서 담는다. 물에 불린 렌틸콩을 넣고 생수를 부어준다.

④ 카레를 넣어 골고루 섞어주고 전자레인지에 5분 30초 가열한다. 꺼내어 한 번 더 섞은 후 3분 가열하고 접시에 밥과 닭가슴살을 올린다. 끝으로 카레를 밥 위에 올리면 완성.

간편 일품요리

 5분 **베이컨초밥**

가족끼리 봄나들이할 때 한 끼 식사 겸 아이들 도시락으로도 전혀 손색이 없는 베이컨초밥을 만들어 보았어요. 만드는 방법도 아주 간단해서 요리를 못하시는 분들도 쉽게 따라 만들 수 있답니다.^^ 자~ 나들이 전에 잠깐 시간 들여서 만들어 볼까요?

재료 베이컨 10장, 맛살 1줄, 뜨거운 밥 한 공기, 고추냉이, 검은깨 약간

양념재료 식초 1, 설탕 1, 소금 0.5

Tip 부추나 미나리를 이용해 묶으면 색감이 더욱 예쁘다.

Recipe

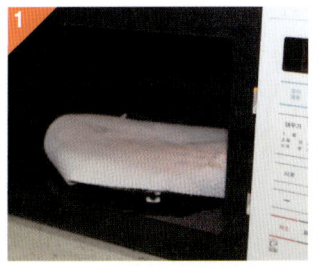

① 전용 그릇에 베이컨을 담고 종이호일로 감싸 1분 가열한다.

② 볼에 배합초 재료를 넣고 설탕이 녹을 때까지 전자레인지에 1분 정도 돌린 후 고슬고슬하게 지은 밥에 2 큰술 정도 넣는다. 검은깨(생략 가능)도 섞는다.

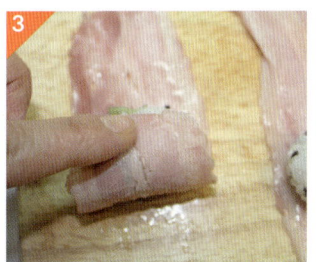

③ 바닥에 베이컨을 깔고 고추냉이를 약간 바른다. 밥은 초밥 모양으로 잡아 베이컨에 올리고 돌돌 말은 후 맛살을 가늘고 길게 찢어 풀리지 않게 묶는다.

간편 일품요리

5분 명란아보카도덮밥(1인분)

산뜻한 색깔의 아보카도와 입맛 돋우는 명란젓이 더해져 침이 꼴깍 삼켜지는 메뉴 명란아보카도 덮밥이에요. 재료만 있으면 누구나 간단하고 멋스럽게 완성할 수 있어요. 눈 깜짝할 사이에 비워지는 맛있는 덮밥 한 그릇 만들어 보세요.

재료 밥 한 공기, 달걀 1개, 아보카도 반 개, 명란 1개, 참기름 1, 깨소금 약간, 후추 약간, 김가루 약간

🗒 Recipe

① 아보카도는 씨를 중심으로 해서 반으로 자르고 손으로 어긋나게 비틀어서 껍질을 깐다. 아보카도 과육은 먹기 좋게 슬라이스를 한다.

② 명란은 막을 제거하고 계란은 노른자를 살려 프라이를 한다. 밥을 한 그릇 담고 그 위에 아보카도와 명란젓, 계란프라이, 참기름, 깨소금, 후추, 김을 뿌려준다.

전자레인지 요리 상식

전자레인지로 조리할 때는 기름을 사용할 필요가 거의 없습니다. 접시에 들러붙지 않기 때문에 기름을 넣지 않고 조리할 수 있는 것이지요. 기름을 줄이는 만큼 칼로리도 감소되니 다이어트에 더욱 좋은 조리 방법이라 할 수 있습니다.

간편 일품요리

15분 소고기비빔국수(1인분)

매콤새콤달콤한 양념장에 비빈 비빔국수도 맛있지만, 담백하고 쫄깃한 식감을 가진 소고기와 표고버섯, 아삭한 오이를 함께 넣은 소고기비빔국수도 맛있어요. 간장으로 간을 해서 자극적이지 않아 아이들이 매우 좋아한답니다. 면을 전자레인지에 삶아 더욱 쫄깃한 식감이 매력적이에요. 전자레인지에 면을 삶는 방법만 잘 이해한다면 이젠 불 앞에 지켜보고 서서 면 삶는 고생할 필요 없어요.

재료 소면 80g, 마른 표고버섯 1개, 소고기 30g, 오이 1/4개, 달걀 지단, 실고추(생략 가능)

양념 재료 간장 2, 다진 파 1, 다진 마늘 0.5, 깨소금 0.5, 참기름 1, 후추 약간, 설탕 0.5

오이절임 소금 0.3, 참기름 약간

Tip 삶아 놓은 소면에 참기름을 둘러 비벼 놓으면 서로 엉키거나 붙지 않는다. 고명으로 황, 백색 지단이나 실고추를 올리면 보기에도 매우 좋다.

Recipe

① 오이는 돌려 깎아 0.3cm 굵기로 채를 썬다. 약간의 소금으로 5분간 절인 다음 물기를 꽉 짜 참기름에 조물조물 무쳐 준비한다.

② 채 썬 소고기는 키친타올에 올려 핏물을 제거하고 물에 불린 표고버섯은 밑둥을 잘라 0.3cm 굵기로 채 썰어 소고기와 함께 양념재료에 무쳐준다.

③ 전용 그릇에 양념된 소고기와 표고버섯, 물기 짠 오이채를 평평하게 담아 전자레인지에 1분 가열하고 뒤 섞은 후 다시 1분 가열한다.

④ 삶은 소면 위에 소고기, 버섯, 오이채를 올려 완성한다.

간편 일품요리

 소면 삶는 법 (7분)

요즘은 면을 삶을 수 있도록 특수 재질로 만든 전자레인지 전용 용기가 시중에 많이 나와 있습니다. 혼자서 면 요리가 당길 때면 유용하게 쓸 수 있고 최대 2인분까지 넉넉히 삶을 수 있어요. 3인분부터는 번거롭겠지만 불에서 삶는 것을 권장합니다.

재료   소면 80g, 뜨거운 정수물 3컵

Tip 칼국수를 끓일 때처럼 밀가루를 한번 씻어내는 방법을 떠올리면 쉽다. 반드시 국수의 전분기를 없앤 후 전자레인지에 가열해야 넘치지도 않고 서로 엉겨 붙는 일이 없다.

Recipe

① 전용 그릇에 면을 담고 정수기의 뜨거운 물을 붓는다. 젓가락으로 저어가며 국수에 묻은 전분기를 씻는다. 꼭 뜨거운 물로 3번 헹구어 준다. 그러지 않고 물을 바로 넣어 가열하면 전분이 서로 엉겨서 불거나 익지 않은 상태가 된다.

② 뜨거운 물을 면이 충분히 잠길 만큼 붓고 전용 그릇의 뚜껑을 닫고 5분 가열한다.

③ 꺼내어 체에 밭쳐 찬물에 바락바락 헹구고 물기를 뺀다.

간편 일품요리

 치킨찹스테이크

부드러운 닭가슴살과 아삭아삭 씹히는 색색의 채소들의 식감 그대로 즐기는 치킨찹스테이크. 보통 찹스테이크 하면 소고기를 떠올리는데요, 소고기 대신 더 저렴한 닭가슴살로 만들어 보세요. 오늘을 특별하게 꾸며주는 메뉴가 될 거예요.

재료 닭가슴살 200g, 빨강·노랑 파프리카 1/2개, 양파 1/2개, 마늘 3쪽

밑간 재료 소금 약간, 후추 약간, 미림 또는 청주 2큰술

소스 스테이크소스 2, 돈가스소스 1, 굴소스 1, 케찹 1, 핫소스 1, 머스타드소스 1

Recipe

① 소스 재료를 모두 섞어서 소스를 만든다.

② 닭가슴살은 깨끗이 씻어 한입 크기로 썰고 밑간 재료로 밑간을 해서 10분 정도 재운다. 마늘은 편으로 썰어 닭가슴살과 함께 전용 그릇에 담아 전자레인지에 2분 가열한다.

③ 채소는 닭가슴살 크기로 썰어 ①, ②와 함께 골고루 섞은 후 2분 가열한다.

④ 꺼내어 한 번 뒤섞은 후 다시 2분 30초 가열한다.

간편 일품요리

 30분 **밀푀유나베**

쌀쌀한 겨울, 달큼한 배춧잎으로 만들어야 제맛인 밀푀유나베. 듬뿍 넣은 버섯과 채소, 샤부샤부용 고기의 케미가 어찌나 훌륭한지요. 거기에 깻잎의 향까지 더하면 누구나 부담 없이 좋아할 국물 요리가 됩니다. 밀푀유나베는 '천개의 잎사귀'라는 뜻인데 겹겹이 쌓인 채소와 고기가 보기에도 좋고 맛도 좋아서 손님 초대용 음식으로 준비하셔도 좋아요. 따뜻한 국물 요리가 생각날 때 전자레인지로 간편하게 만들어 보는 게 어떨까요?

재료 한우불고기용 300g, 알배추 1포기, 깻잎 100g, 생표고버섯 또는 팽이버섯 1개, 숙주 한 줌

육수 재료 물 6컵, 멸치 10마리, 다시마 3조각, 무 50g, 대파 1/2대, 국간장 0.5, 소금 두 꼬집

폰즈 소스 간장 2, 식초 1, 올리고당 0.5, 설탕 1, 다진 양파 1

Tip 폰즈 소스에 청양고추나 쪽파를 잘게 다져 섞으면 맛있다. 개인 취향에 맞게 칠리 소스를 사용해도 좋다.

🍳 Recipe

① 냄비에 육수 재료를 담고 물을 부어 끓인다. 물이 끓으면 다시마는 건져내고 약불에서 10분 더 끓여 건더기는 건져내고 국간장과 소금으로 간을 해 육수를 만든다.

② 배추, 깻잎, 고기 순으로 밀푀유를 쌓아 전용 그릇 높이에 맞춰 자른다.

③ 냄비에 숙주를 먼저 깐 다음 잘라준 밀푀유를 바깥쪽부터 빙 돌려 차곡차곡 쌓는다. 냄비의 2/3정도가 차도록 육수를 넣은 후 생표고버섯이나 팽이버섯을 올린다.

④ 전자레인지에 10분 가열한다.

간편 일품요리

 가지 토마토 스파게티(1인분)

가지는 호불호가 심한 식재료 중 하나죠. 파스타에 넣어 먹으면 조금은 더 친숙하게 즐길 수 있어서 자주 만들어 먹게 되는 음식이에요. 전자레인지로 간단하게 만들어서 즐겨 보세요. 시판 토마토소스에 소고기가 들어가 씹히는 맛, 깊고 진한 맛이 일품이에요.

재료 가지 1개, 스파게티 면 100g, 마늘 7쪽, 시판 토마토스파게티소스 3, 올리브 오일 3, 소금 약간, 후추 약간, 파마산치즈 취향껏

Tip 올리브 오일과 소금을 넣어야 면에 간이 배고 달라붙지 않는다.

04.
하나로
OK

📋 Recipe

① 가지는 1cm 두께로 동그랗게 썰고, 마늘은 편으로 썰어 준비한다.

② 전용 그릇에 면을 담고 면이 잠길 정도로 뜨거운 물을 붓는다. 소금 약간과 올리브오일을 넣고 6분 가열한다. 먹어보고 면이 익지 않았다면 더 가열한다.

③ 후라이팬에 가지를 올려 노릇노릇 구워준다.

④ 면이 삶아지면 물을 따라내고 스파게티소스와 노릇노릇 구워낸 가지를 올려 전자레인지에 5분 가열한다.

간편 일품요리

 7분 | 편의점짜장범벅리조토

늦게 일어난 주말~ 중국집에 짜장면이나 짜장밥 하나 주문하기 민망할 때가 있어요. 가끔은 중국집 주인장의 불만이 전화기 속에서 들릴 때도 있죠. 한 번 주문할 때 마치 2명인 양 2인분을 시켜서 하나는 먹고 하나는 냉장고에 넣어놨다가 저녁에 먹는 일도 다반사. 그래서 준비했어요. 집에서 쉽게 누구나! 아이들도 만들 수 있는 짜장범벅리소토. 편의점 짜장범벅 하나와 밥 그리고 치즈만 있으면 충분해요. 중국집 짜장밥보다 더 맛있게 먹을 수 있는 주말 혼밥 레시피랍니다.

재료 짜장범벅 1개, 햇반 1개, 치즈 2장

Tip 계란프라이를 올리면 더욱 맛있다.

Recipe

① 짜장범벅의 뚜껑을 열고 뜨거운 물을 표시선까지 붓고 1분 정도 기다린다.

② 적당히 익은 면을 잘게 가위로 잘라준다.

③ 전용 그릇에 밥과 범벅을 부어 비빈 후 전자레인지에 넣어 4분 가열한다.

④ 꺼내어 잘 저어준 후 치즈를 잘라 그물 모양을 내어 밥 위에 올린다. 전자레인지에 치즈가 녹을 때까지 가열한다.

자꾸만 생각나는
매력 만점 간식거리

견과류치즈호떡

허니버터인절미토스트

식빵시리얼

고구마삼색경단

꿀치즈바게트

매력 만점 간식거리

 7분 **견과류 치즈 호떡**

찬 바람이 불면 생각나는 간식은 단연 뜨끈뜨끈한 호떡이 아닐까 싶어요. 퇴근길에 호떡집에 들러 호떡 하나 주문하면 따끈따끈한 호떡을 아저씨가 신문지에 싸서 건넸죠. 입천장 데일까 봐 호호~ 불며 먹었던 호떡은 지금은 찾아보기 어려운데요. 이제 집에서도 쉽게 만들어 먹을 수 있는 시판 호떡믹스를 이용해 보세요. 고소한 견과류와 아이들이 좋아하는 쫄깃한 치즈를 채워 기름에 튀기지 않은 건강한 호떡을 만들어요.

재료   시판 호떡믹스 1봉지, 모짜렐라치즈, 식용유, 종이호일, 반죽 그릇, 미지근한 물 1컵, 견과류는 취향껏 약간

Tip 시판 호떡믹스 뒷면에 반죽하는 방법이 자세하게 나와 있으니 꼼꼼히 읽는다. 전자레인지에 가열되는 동안 반죽이 약간 부풀 수 있으나 걱정하지 않아도 된다.

Recipe

① 호떡믹스와 이스트를 볼에 담고 따뜻한 물 200ml를 붓는다. 주걱으로 골고루 반죽을 한 다음 랩을 씌워 냉장고에 넣고 1시간 이상 숙성시킨다.

② 믹스봉지에 들어있는 설탕에 취향에 맞는 견과류를 잘게 다져 모차렐라치즈와 함께 넣은 후 골고루 섞는다.

③ 전용 그릇에 종이호일을 깔고 약간의 식용유를 바른 후 적당량의 반죽을 떼어 손바닥 위에 넓게 편다. 그 속에 ②를 올려 터지지 않게 잘 오므린 후 살살 납작한 모양을 잡아준다.

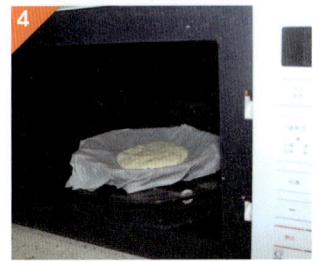

④ 전자레인지에 2분 가열한다.

매력 만점 간식거리

5분 · 허니버터인절미토스트

허니버터 인절미토스트는 치즈를 듬뿍 넣은 듯한 쫄깃한 식감과 버터와 꿀이 섞여 고소하고 달콤한 맛이 일품이에요. 오늘은 냉동고 안에 보관해놓은 인절미를 꺼내어 배도 든든하고 기분도 좋아지는 허니버터 인절미토스트를 브런치로 만들어 보는 건 어떤가요?

재료 식빵 2개, 인절미 3개, 버터(깍두기 모양) 20g, 꿀 3 또는 아가베시럽 3, 콩고물(생략 가능)

Tip
1. 버터가 완전히 녹을 때까지 가열하지 않아도 된다. 그대로 꺼내어 두면 여열에 의해 잘 녹는다.
2. 인절미가 가열되는 시간을 잘 조절해야 한다. 너무 오래 가열하면 인절미가 다 녹아서 빵 바깥으로 삐져나오기 때문이다.
3. 완성된 토스트를 과일이나 우유와 함께 즐기면 더욱 맛있다.

* 냉동된 인절미는 썰기에 편할 정도로만 전자레인지 해동한다.

Recipe

① 버터는 전용 그릇에 담아 전자레인지에 30초 가열해 녹인다.

② 식빵에 녹인 버터를 바른다.

③ 인절미는 옆으로 반 자른 후 버터를 발라 놓은 빵에 올리고, 다른 식빵도 버터를 발라 인절미를 덮어준다.

④ 전용 그릇에 담아 1분 30초 가열한다. 꺼내어 아가베시럽을 뿌린 후 가로 또는 사선으로 잘라 완성한다.

매력 만점 간식거리

5분 식빵시리얼

간단한 아침으로 먹기 위해 사다 놓은 샌드위치용 식빵. 샌드위치를 만들어 먹고 기름에 튀겨 간식으로도 먹었지만 결국 남아서 난감합니다. 식빵이 칼로리가 적은 식품은 아니기에 기름에 굽고 튀기고 하는 것도 한두 번이잖아요? 그렇게 만들어 놓고 시간이 지나면 기름 냄새 때문에 손이 안 가기도 하죠. 오늘 제가 만든 식빵시리얼은 정말이지 온 가족이 엄지척! 했다고 자랑하고 싶네요.^^ 시판하는 콘푸레이크보다 바삭함이 더 오래 지속되어 바닥이 보일 때까지 바삭함을 잃지 않는 재밌는 식빵시리얼이에요~

재료 식빵 5장, 올리브 오일 5, 시나몬가루(계피가루) 2, 흑설탕 2, 종이호일, 견과류

Tip 식빵시리얼이 완성되면 완전히 식힌 후 위생 봉지에 넣어 실온이나 냉동고에 보관하면 된다.

Recipe

① 먹다 남은 식빵은 1cm 크기로 깍둑 잘라 준비한다. 견과류는 잘게 다져 적당한 볼에 넣고 흑설탕과 시나몬가루 올리브오일을 넣어 골고루 섞어준다.

② 전용 그릇에 종이호일을 깔고 골고루 묻혀 놓은 식빵을 넓게 깔아 2분 가열하고 꺼내어 한 김 식힌 후 다시 넣어 2분 가열한다. 이 순서를 식빵이 바삭해질 때까지 반복한다.

전자레인지 요리 상식

전자레인지에서 조리된 음식은 다른 방법으로 조리된 음식과 마찬가지로 안전하며, 같은 영양가를 가지고 있습니다. 마이크로파 에너지가 음식에 더 깊이 침투하고 음식에 열이 전해지는 시간을 단축시키기 때문에 조리 시간이 줄어든다는 장점까지 있지요.

매력 만점 간식거리

 ## 고구마삼색경단

아이들도 재밌게 먹을 수 있는 이색적인 간식 고구마삼색경단! 집에 있는 고구마와 먹다 남은 바나나 그리고 삼색 카스테라를 이용해서 만들어요. 많이 달지 않고 입에 넣자마자 스르르 녹아버리는 아이스크림 같은 매력이 있는 간식이에요. 고구마만 전자레인지에 조리하면 되니 어려울 것 하나도 없는 간식을 함께 만들어봐요.

재료 고구마 2개, 바나나 1개, 삼색 카스테라

Tip
1. 고구마에 따라 조리 시간이 달라질 수 있다. 가열하면서 중간중간 젓가락으로 찔러서 푹 들어가면 잘 익은 것이다.
2. 수분이 많은 호박고구마라면 바나나 반 개만 넣어도 충분하다. 밤고구마는 수분이 많지 않고 호박고구마에 비해 단맛이 덜하니 바나나 한 개는 넣어야 한다.
3. 다른 빵에 비해 카스테라는 촉촉한 편이라 분쇄기에 갈았을 경우 가루가 뭉칠수 있으니 꼭 강판에 갈아야 한다.
4. 촉촉한 카스테라 가루는 종이호일을 깐 전용 그릇에 올려 전자레인지에 1분 정도 가열하면 수분이 어느 정도 날아가 손으로 집었을 때 달라붙지 않는다.

📝 Recipe

① 씻은 고구마는 물기가 있는 상태로 전자레인지에 5분 가열한다. 뜨거운 고구마를 바나나와 함께 으깬다.

② 삼색 카스테라는 색깔별로 분리하고 생크림은 모두 걷어내어 다른 그릇에 보관한다. 카스테라는 색깔별로 강판에 곱게 갈아준다

③ 반죽한 고구마를 아이들 한입 크기만큼 쥐고 카스테라에서 분리한 생크림을 넣고 버터칼로 동그랗게 모양을 잡아준다.

④ 색깔별 카스테라 가루에 묻히면 완성.

매력 만점 간식거리

 5분

꿀치즈바게트

치즈와 쪽파, 꿀의 절묘한 조합이 정말 좋은 꿀치즈바게트. 재료 본연의 맛을 그대로 느낄 수 있어요. 꿀의 단맛도 세지 않아 단 것을 싫어하는 분들도 부담 없이 먹을 수 있고요. 아이들의 입맛을 살릴 수 있는 엄마표 간식이에요. 평소 치즈와 파를 먹지 않는 아이들도 엄마 최고! 하며 엄지척하게 될 거예요.

재료 바게트 1개, 슬라이스치즈 6장, 꿀 약간, 쪽파 3뿌리, 파마산치즈

Tip 슬라이스치즈 대신 모차렐라치즈를, 파마산치즈 대신 시즈닝가루를 뿌려도 맛있다. 꿀이 없으면 시판하는 메이플시럽을 뿌려도 좋다.

05.
자꾸 생각나는

📋 Recipe

① 바게트는 이등분해서 칼집을 내준다

② 빵과 빵 사이에 치즈를 넣고 쪽파를 함께 뿌려준다.

③ 바게트 빵 위에 쪽파와 꿀 또는 메이플시럽을 뿌려준다.

④ 전자레인지에 3분 가열한다. 마지막으로 파마산치즈가루를 뿌려준다.

요린이도 쉽게 따라하는

간편 일품요리

다양하게 즐기는 72가지 생활 요리

Mædəlin Buk 도서

캘리 수묵 일러스트 그리고 수제 도장
정혜선 지음 | 188x237 | 192쪽

캘리를 보면 어떤 마음으로 글씨를 썼는지, 어떤 감성을 느끼며 표현했는지 알 수 있어요. 그 느낌을 더하기 위해 수묵 일러스트를 함께 표현해 보세요. 풍부한 느낌이 표현될 수 있어요. 그리고 내가 만든 수제 도장으로 마무리까지, 지금 도전하세요.

캘리 서체의 기초 그리고 다양한 활용
정혜선 지음 | 188x237 | 220쪽

캘리그라피의 기초 선긋기부터 다양한 활용법까지 저자의 노하우를 책 한 권에 모두 담았어요! 더 자세하게 배울 수 있는 저자의 설명 동영상도 제공하고요. 이제 여러분도 멋진 글씨를 쓸 수 있어요. 우리 함께 캘리그라피 여행을 떠나볼까요?

조금 지친 하루, 나에게 주는 힐링 손글씨
나빛캘리그라피 지음 | 127x185 | 220쪽

일상에 지친 수많은 '어른이'들을 위한 글쓰기 책! 온전한 나를 누리는 시간을 갖기 위한 힐링 손글씨! 지친 나를 따뜻하게 위로하고 응원하는 글귀 80개를 실었어요. 저자가 알려주는 Tip과 Point를 따라 정성껏 쓰다 보면 자연스럽게 힐링될 수 있어요.

8시간 완성 누구나 수채화
글/그림 임현숙 | 200x200 | 184쪽

하루 1시간씩 총 8시간 8일 기적의 완성! 누구나 수채화를 그릴 수 있습니다. "나무 한 그루 잘 그리면 반은 화가가 됐다." 지금 자신이 가진 실력 그대로 그림을 그려 보고, 8일 동안 변화된 이후의 그림과 비교해 보세요!

생식, 내 작은 육식 동물들을 위한 만찬
코스믹라테 지음 | 173x225 | 208쪽

나의 반려동물에게 어떻게 건강하고 맛있는 밥을 만들어 줄 수 있을까요? 오늘날 반려동물의 건강한 먹거리인 '생식'에 관심이 높아지고 있어요. 하지만 막상 생식을 하려고 해도 막막하기만 하죠. 그런 반려인들을 위해 준비했어요. 이제 생식의 기초에서부터 영양표까지 다양한 정보를 확인하세요.

반려견 셀프 미용 그리고 홈 케어
최윤희, 강호빈 지음 | 147x210 | 196쪽

소중한 나의 반려견과 함께 살아가는 데 꼭 필요한 지식을 우리는 과연 얼마나 알고 있을까요? 〈반려견 셀프 미용 그리고 홈 케어〉가 여러분을 안내해 드릴게요. 반려견 케어의 기초적인 정보, 필수 의료 정보는 물론, 셀프 미용의 노하우까지 모두 한 권에 담았어요.

보니아라 테이프 공예
보니아라 지음 | 191x237 | 212쪽

국내 최초의 테이프 공예 전문업체 보니아라! 보니아라의 노하우가 듬뿍 담긴 도안을 따라 하면 생활 속 소품을 직접 만들 수 있음은 물론, 버리려고 마음먹었던 물건들까지도 새로운 디자인 소품으로 재탄생시킬 수 있어요.

올 어바웃 수제청
서은혜 지음 | 188x237 | 248쪽

여러분을 느린 시간 속으로 초대합니다. 내 손으로 더욱더 건강한 음료를 만들고 싶은 마음을 담아 수제청 & 음료 레시피를 준비했습니다. 이제 『올 어바웃 수제청』 함께 과일과의 느긋한 데이트를 시작해 볼까요?